삶이 레몬을 준다면
레모네이드를 만들어라

When life gives you lemons,
make lemonade.

차례

초대의 글 · 8

강도윤	실패와 고통을 통해 발견한 빛 · 13
최선경	길 끝에 희망 · 25
하소현	무엇을 보고 있는가 · 37
햇 살	빛을 따라 · 49
이상미	인생은 지옥이다 · 61
김창운	좌절을 이기게 하는 치유의 빛 · 69
박순희	힘을 빼고 걷는 시간 · 79
박호숙	첫 문장에 담긴 설렘 · 89
안소현	고전, 왜소한 나를 사랑하는 방법 · 101
김희숙	꿈의 향연 · 113
단무지	커피 한 잔, 그리고 사유의 시간 · 123
김단비	폭풍 속에서도 잔잔한 바다를 꿈꾸며 · 131
김미영	언제나 삶은 계획대로 되지 않는다 · 141
진가록	방을 사다 · 153

When life gives you lemons,
make lemonade.

레 이	문 앞에 서서 · 161
심미경	책 속에서 찾은 위로의 빛 · 171
송미향	삶이 묻어난 이파리 가득한 나무 · 181
문춘희	삶의 여유를 찾아가는 여정, 안톤 체호프를 만나다 · 191
콩소라	영혼이 비추는 길을 찾다 · 199
유혜정	성장통을 함께 한 존재와 더불어 살기 · 209

장성남	다음 모험은 무엇일까? · 217
손재현	패션의 완성은 한 손에 책! · 227
박시은	빛나는 순간들은 언제나 온다 · 237
김동환	고전에서 찾은 빛으로 향하는 삶 · 245
이서윤	때로는 문학이 삶을 위로한다 · 257
이영숙	고전의 강물에서 나를 찾다 · 267
이미하	한 마리 반딧불이가 되어 캄보디아로 · 277

어느 날 운명이 찾아와
나에게 말을 붙이고
내가 네 운명이란다, 그동안
내가 마음에 들었니, 라고 묻는다면
나는 조용히 그를 끌어안고
오래 있을 거야.

- 한강, 「서시」 중에서

초대의 글

사랑하는 당신에게,

이 글을 읽는 지금, 당신은 어디에 있을까요? 누군가와 함께 있을까요? 아니면 혼자일까요? 혼자라면, 조금 더 우리와 가까이 있는 것 같아서 살짝 반가워요. 사실 우리도 모두 각자의 자리에서 지금 혼자 있거든요. 그런데 혼자 있어도 혼자가 아닌 기분, 가끔 들죠? 레몬의 신맛 같은, 그런 순간들이 있어요. 사람들은 그걸 고독이라고 부르지만, 고독은 생각보다 나쁘지 않아요. 가끔은 그 고독 속에서 나 자신을 발견하기도 하니까요.

이 책은 27명의 작가들이 고난의 순간마다 삶이 주는 레몬으로 자신만의 레모네이드를 만들어 온 이야기들이에요. 쓴맛 나는 힘겨운 시간도 있었고, 그 시간을 지나며 배운 달콤한 비법도 있어요. 그 비법은 방 한 켠에서, 책상 위에 놓인 펜 끝에서, 혹은 가만히 눈 감고 있을 때 뒤늦게 다가오는 아주 작은 순간들 속에 있었죠. 우린 그 달콤한 레모네이드를 서로에게 나누어주기로 다짐했어요.

　가끔 생각해요. 희망을 찾아야 하는 건 아닐지도 모른다고. 어쩌면 희망은 항상 우리 곁에 있었는데, 우리가 고개를 돌려보지 않은 건 아닐까 하고요. 당신도 그런 순간을 만났으면 좋겠어요. 삶이 또다시 당신에게 레몬을 건넬 때, 의연히 미소 지으며 당신만의 특별한 레시피로 상큼한 레모네이드를 만들 수 있기를.

　그리고 말이죠, 꼭 기억해 주세요. 당신이 느끼는 그 혼자가, 사실은 우리 모두의 혼자와 연결되어 있다는 것. 결국, 우리는 혼자일 수 없다는 것을요. 그러니까 혼자라고 생각될 때도, 사실 당신 곁에는 이미 스물일곱 편의 이야기들이 도착해 있어요. 이야기로 우리는 함께 있어요.

이 책이
당신의 하루에
달콤한 레모네이드 한 잔 같은 시간을
선물하길 바라며,
따뜻한 인사를 전합니다.

When life gives you lemons, make lemonade.

강도윤

하루하루 새로운 날을 살아가고 있는 31년 차 직장인이다.
직업적으로는 회사의 문제를 해결하는 관리자이다.
개인적으로는 '사람의 마음'에 관심이 많아 20년 동안 연구를 이어오고 있다.
2005년부터 시작한 천 권 독서로 마음이 모든 일의 근본임을 깨달았다.
동기부여와 리더십 전문가로서, 직원이 일에 대한 의미를 찾아
삶을 주체적으로 끌고 갈 수 있도록 돕고 있다.

이메일 : kdoyn2571@naver.com

실패와 고통을 통해 발견한 빛

'나는 1992년 바르셀로나 올림픽에서 복싱 페더급 금메달을 딴다.'

벽에 붙은 글자를 방 안 가득 울릴 만큼 큰 소리로 외쳤다. 예상치 못한 외침에 놀라신 어머니가 내 방문을 열었다. 천장을 향해 두 팔을 들어 올리고 있던 나를 본 어머니는 피식 웃으시며 문을 닫으셨다. "또 저러네." 어머니의 미소는 그렇게 말하고 있었다.

이것은 내가 15살 때 세운 목표였다. 그 꿈은 1984년 LA 올림픽 복싱 경기를 보면서 시작되었다. 넓은 사각의 링은 두 사람만으로도 꽉 찬 듯한 긴장감으로 가득했다. 한국 대표 '돌주먹' 문성길 선수의 경기였다. 보는 내내, 내 심장은 지진이라도 난 것처럼 요동쳤고, 두근거림은 멈출 줄 몰랐다.

자신의 머리만큼 커다란 외국 선수의 빠른 펀치를 피하면서, 훅과 스트레이트로 상대를 공격하는 문성길 선수의 모습은 마치 거대한 짐승을 사냥하는 것 같았다. 빠르고 날렵한 몸놀림과 어디서 날아올지 모를 예측 불가한 펀치로, 그는 상대의 움직임을 마비시켰다. 그리고 결정적인 순간, 그의 돌주먹이 상대의 턱을 정통으로 강타하자, 상대 선수는 그대로 바닥에 쓰러졌다.

그 순간, 내 주먹이 저절로 움찔했다. 손끝에서 시작된 전율이 온몸을 감전된 듯 퍼져나갔다. 그날 이후, 나는 복싱에 대한 열망을 멈출 수 없었다. 부모님을 끈질기게 설득한 끝에, 나는 마침내 복싱선수로 첫발을 내디뎠다.

새벽 5시가 되면 자동으로 눈이 떠졌다. 누구도 깨워주지 않았지만, 스스로 새벽 운동을 시작했다. 남들보다 1시간 더 뛰었다. 숨이 턱까지 차올라 더는 달릴 수 없을 만큼 힘들어도, 내 꿈을 다짐하며 뛰는 것을 멈추지 않았다.

새벽 훈련을 마치고 학교에 가면, 쉬는 시간마다 팔굽

혀펴기를 했다. 강한 펀치를 만들기 위해서는 어깨 힘이 중요했기 때문이다. 매시간, 매일 같은 훈련을 반복했다. 당시에는 근력 강화 운동을 위한 장비가 많지 않았기 때문이다. 점심을 먹고 나면 체육관으로 향했고, 스파링과 기술 훈련을 3시간씩 소화했다. 저녁 시간에는 체육관의 벤치프레스와 아령을 이용해 펀치를 강화했다.

온몸이 땀범벅이 될 만큼 고강도 훈련을 했지만, 전혀 힘들다고 느끼지 않았다. 오히려 즐거웠다. 하루하루의 변화는 미미했지만, 그 하루들이 쌓아 올린 성장은 놀라웠다.

그 증거는 어느 날 찾아왔다. 나보다 3체급이나 높은 선배와의 스파링에서, 내가 어퍼컷으로 그를 다운시켰던 순간이었다. 스파링 심판을 보던 코치님은 놀라움에 한동안 아무 말도 하지 못하셨다.

훈련의 결과는 정직했다. 고등학교 1학년 첫 시합에서 나는 TKO로 금메달을 따냈다. 뿐만 아니라, 대회 최우수 선수상까지 거머쥐었다. 시상대 꼭대기에 서 있는 아들을 보며 아버지는 어깨춤을 추며 기뻐하셨다.

아버지는 과거 프로권투 선수로 활약했지만, 할아버지의 반대로 챔피언의 꿈을 포기하셨다. 그런 아버지에게 나는 자랑스러운 존재였다. 경기마다 아버지는 빠짐없이 시합장을 찾으셨고, 내가 승리할 때마다 나보다 더 크게 기뻐하셨다.

하지만 이런 기대와 환희 속에서, 어느 날 예기치 못한 사고가 찾아왔다. 스파링 도중 가운뎃손가락이 부서진 것이다. 붕대를 착용하지 않았던 것이 화근이었다. 부서진 손가락은 힘줄까지 찢어졌고, 3시간에 걸친 수술 끝에 간신히 연결되었다.

수술 후, 나는 의사에게서 충격적인 말을 들어야 했다. "다시는 복싱을 할 수 없습니다."

이 한마디에 나의 시간이 멈추었다. 주변의 그 어떤 소리도 들리지 않았다. 손가락을 구부릴 수는 있어도 주먹을 쥘 수 없다는 사실은 단순한 신체적 상처가 아니라, 내 꿈이 파괴되는 것이었다.

올림픽 금메달이라는 목표를 이루기 위해, 나는 땀과 열정이라는 돌을 하나씩 쌓아 올려 탑을 만들어 왔다. 하지만 그 탑은 한순간에 무너져 내렸다. 꿈이 사라지는 데는 채 몇 초도 걸리지 않았다. 그날, 나의 하늘이 무너졌다.

내 인생이 끝났다고 생각했다. 아무것도 하고 싶지 않

앗다. 세상을 원망했다. 모든 것이 불공평하게 느껴졌다. 나는 스스로에게 물었다.

"내가 정말 이거밖에 안 되는 사람인가?"

그 사고의 순간을 수없이 후회하고 또 후회했다. 그리고 나를 미워하며 끝없이 자책했다. 꿈을 향한 내 모든 노력이 허망하게 느껴지는 순간, 나는 내 존재마저 부정하고 있었다.

나의 방황이 시작되었다. 가출을 밥 먹듯이 했고, 학교는 가지 않았다. 고등학생의 신분으로 날마다 술에 취해 살았다. 맨정신으로는 도저히 견딜 수 없었다. 술을 마시면 눈물이 흘렀다. 후회했다. 스스로를 책망했다.

"붕대를 감고 스파링을 했어야지. 왜 이런 시련이 나에게 온 거야?"

찢어진 손가락의 통증보다, 다시는 복싱을 할 수 없다는 사실이 더 고통스러웠다. 아버지에게 억지로 끌려 학교에 가기도 했지만, 나는 사고만 치는 문제아가 되어 있었다. 선생님은 그런 나를 이해하려 애쓰셨지만, 내 방황은 점점 더 깊어졌다.

어머니는 매일 눈물로 밤을 지새우며 괴로워하셨다.

부모님과 형들은 단 한 번도 나에게 잔소리를 하지 않았다. 그저 나를 안아주고, 함께 슬퍼해 주었다. 커다란 구멍이 생긴 내 심장은, 가족이 전해준 따스한 온기로 조금씩 아물어 갔다. 그리고 그 끝에는 새로운 희망이 나를 기다리고 있었다.

그 시절, 우연히 TV에서 한 영화를 보았다. 끝이 보이지 않는 바다 한가운데, 초라한 돛단배 위의 노인이 있었다. 여기저기 찢어지고 구멍 난 누더기를 입은 노인이었다. 백발이 성성한 그의 머리와 검버섯이 가득한 피부는 세월의 흔적을 고스란히 드러내고 있었다. 하지만 그의 눈은 여전히 빛나고 있었다. 그 영화는 「노인과 바다」였다.

방황의 끝자락에서 본 이 영화는 내 마음을 송두리째 뒤흔들었다. 84일 동안 단 한 마리의 물고기도 잡지 못한 노인이 85일째에도 여전히 바다로 향하는 모습을 통해, 나는 내가 목표하고 꿈꿔온 것만이 인생의 전부가 아니라는 것을 깨달았다. 실패와 고통으로 얼룩진 이 시간 또한 나의 인생임을 받아들일 수 있었다. 올림픽 금메달만이 내 인생의 전부는 아니었다.

노인의 이야기를 통해, 실패와 좌절을 마주한 내 시선

은 이전보다 확장되었다. 열심히 했지만 무너져버린 나의 모습은 노인의 모습과 닮아 있었다. 84일 동안 한 마리의 물고기도 잡지 못한 시간은 실패가 아니라, 그를 단단하게 만들어준 과정이었다. 나 역시 그 과정을 통해 다시금 나를 단단히 세울 수 있음을 깨달았다.

> 노인은 돛대를 빼내고 돛을 감아서 묶었다. 그리고 나서 돛대를 어깨 위에 걸머메고 언덕길을 오르기 시작했다.
>
> - 어니스트 헤밍웨이, 『노인과 바다』, 민음사, 2012, 122

사흘간 상어와 치열한 전투를 벌인 노인은 완전히 녹초가 된 상태였다. 체력이 바닥난 상황에서도 그는 밀가루 부대 조각으로 만든 볼품 없는 돛대를 어깨에 메고, 가파른 언덕을 묵묵히 올랐다. 그의 행동은 어떤 상황에서도 끝까지 자신의 사명을 다하려는 의지를 보여주었다.

이 장면에서 나는 존경심을 넘어 경외심을 느꼈다. 어떤 시련과 고난에도 쓰러지지 않는 노인의 모습, 몸은 만신창이가 되었지만 마음가짐만큼은 처음과 다르지 않았다. 자신이 소중하게 여기는 것을 끝까지 지켜내는 노인의 모습에서, 나는 진정한 승리자가 무엇인지 알게 되었다.

인간은 패배하도록 창조된 게 아니야.
인간은 파멸당할 수는 있을지 몰라도 패배할 수는
없어.

- 어니스트 헤밍웨이, 『노인과 바다』, 민음사, 2012, 104

궁금했다. 어떻게 이런 감명 깊은 말을 할 수 있을까? 당장 도서관으로 달려가 헤밍웨이의 『노인과 바다』를 찾아냈다. 단 128페이지의 얇은 책이었다. 단숨에 읽어 내려갔다. 84일 동안 한 마리의 물고기를 잡지 못한 노인은, 주변 사람들의 조롱과 비난에도 아랑곳하지 않고 묵묵히 자신의 길을 걸어갔다. 그 모습에서 나는 삶의 한 줄기 빛을 발견했다.

"하루하루가 새로운 날이 아닌가?"

노인의 이 말은 내 하루와 일상을 180도 바꾸어 놓았다. 고등학교 3학년 겨울방학, 나는 취직을 했다. 일을 시작하며 매일을 새로운 날로 받아들였다. 노인의 소리가 나에게 스며들었다. 일은 단순히 돈을 벌기 위한 것이 아니었다. 나는 일 속에서 배우고 성장할 수 있음을 알게 되었다.

이때부터 일은 나의 스승이자 빛이 되었다. 단순한 업무에서도 재미를 느꼈다. 신선했다. 어제의 나와 오늘의 내가 달라지고 있었다. 나는 단순한 일을 더 잘할 방법을 연구하며 정성을 다했다. 일을 주체적으로 끌고 가기 시작하자, 보람과 자부심이 생겨났다. 즐거움이 마음을 가득 채웠다.

『노인과 바다』를 쓴 헤밍웨이 또한 수많은 좌절과 도전을 겪었다. 그의 아버지는 심한 우울증 끝에 권총 자살로 생을 마감했다. 헤밍웨이 자신은 비행기 사고를 두 번이나 당했고, 1차 세계 대전에서는 포탄에 맞아 다리에 200여 개의 파편이 박혔다. 그는 탄저병에 감염되었으며, 극심한 폐렴과 피부암, 비장 파열까지 겪었다. 그러나 그는 도망가지 않았다. 피하지도 않았다. 그 어떤 것에도 패배하지 않고 나아갔다. 나 또한 이런 삶을 살고 싶었다. 그날부터 나는 내 시간과 일상을 개척하기 시작했다.

> 머리를 맑게 해야 해. 머리를 맑게 해서 어떻게 하면
> 인간답게 고통을 견딜 수 있는지를 알아야 해.
> - 어니스트 헤밍웨이, 『노인과 바다』, 민음사, 2012, 94

『노인과 바다』에서 가장 좋아하는 부분이다. 견딤은 훈련의 일부였다. 고된 훈련은 내 몸의 한계를 뛰어넘는 과정이었다. 달리기 훈련 중 허벅지 근육에 경련이 생겨 더는 뛸 수 없는 상황에서도 나는 발을 떼며 계속 달렸다. 이 시

간을 견디고 나면, 어느새 더 힘차게 달리고 있는 나 자신을 발견하게 되었다.

극한의 훈련은 내 마음과 생각에 끈기와 인내라는 깊은 뿌리를 내리게 했다. 이 힘은 나를 지탱하고 성장시키며, 나의 길을 찾게 해주었다. 이 경험은 직장생활에서도 큰 경쟁력이 되었다.

남들이 힘들어하는 일이 나에게는 전혀 힘들지 않았다. 오히려 그런 과정에서 더 많이 배울 기회를 얻었다. 문제가 생겨 어려움에 부닥친 직원들이 불만을 말할 때, 나는 문제 해결 방법을 찾았다. 그 결과, 입사 1년 만에 우수사원으로 뽑혔다. 사장님께 상장과 상금을 받을 때, 내 머릿속에는 '고진감래'라는 단어가 가득했다. 일을 대하는 태도와 세상을 바라보는 마음가짐은 내게 든든한 재산이 되었다.

지금은 예전처럼 몸의 한계를 뛰어넘는 훈련을 할 수는 없다. 대신, 고전을 통해 세상을 더 깊고 넓게 만나고 있다. 세상을 향해 비상하기 위해, 나는 더 많은 뿌리를 내 삶 깊은 곳에 내리고 있다.

작가노트 | 강도윤

'아, 이렇게 하다가 실패하면 어떡하지?'

무언가를 시작할 때면 사람들은 종종 이 말을 습관처럼 내뱉는다. 왜일까? 실패가 두렵기 때문이다. 원하는 결과를 얻지 못하면 마치 세상이 끝난 것처럼 느껴지고, 남들보다 뒤처질 것 같아 불안해진다. 현실에서 낙오된 듯한 좌절감에 괴로워한다. 이는 우리가 만들어낸 하나의 '착각'일 뿐이다.

실패는 실패가 아니다. 실패의 다른 이름은 '조력자'다. 나 역시 실패와 좌절의 시간을 보내며 깨달았다. 실패를 걸림돌로 여길 때, 모든 것이 장애물로 보였다. 환경을 탓하고, 세상을 원망했다. 하지만 나를 돕는 디딤돌로 보면 한 단계 성장할 수 있는 토대가 된다.

복싱을 통해 나는 강한 체력을 얻었다. 이 체력은 업무에도 큰 도움이 되었다. 오랜 시간 일해도 쉽게 지치지 않았다. 이런 인내심과 의지는 나를 열정적인 사람으로 만들어 주었다. 이제 실패라는 말을 쓰지 말자. 대신 일과 삶을 도와주는 가장 든든한 존재 '조력자'로 불러보자. 그리고 성장에 초점을 맞추자.

최선경

24년 차 중학교 영어 교사
교사성장학교 고래Go來학교 교장(2019~)
실천교육교사모임 운영진(2018~)
학생과 교사 모두가 행복해지도록 돕는 체인지메이커로서 배우고 익힌 것을 퍼뜨리기가 전공
학생 진로 글쓰기 지도교사(2021~)로 활동하며 『오리, 날개를 달다』(2023, 2024) 엮음
중학교 1학년 학생들이 인문 고전 10권을 읽고 쓴 『고전텐미닛』(2023) 엮음
대구광역시교육청 독서인문지원단(2021~2023)
대구광역시교육청 같e북 운영지원단(2021~2022)
대구광역시교육청 '학생과 교원의 더불어 작가 되기' 직무연수 강사

주요 저서
『깊이 있는 학습에 필요한 학생 주도성을 돕는 프로젝트 수업』,『어서 와! 중학교는 처음이지?』,『중등 학급경영_행복한 교사가 행복한 교실을 만든다』,『가슴에 품은 여행』,『긍정의 힘으로 교직을 디자인하라』등 다수
『고전텐미닛』,『주도성』,『체인지메이커 교육』,『디지털 노마드 세대를 위한 미래교육 미래학교』등 공저
『프로젝트 수업 어떻게 할 것인가』,『디퍼러닝』,『선생님의 영혼을 위한 닭고기 수프』,『낯선 행동 솔루션 50』등 번역

이메일 : sunkyongchoi46@gmail.com
인스타 : @sunkyongchoi
블로그 : https://blog.naver.com/dntjraka75

길 끝에 희망

평소 무엇이든 몸소 실천하며 그 과정을 통해 배우는 것을 좋아하는 나이지만, 최근에는 절대로 다시 겪고 싶지 않은 경험을 했다. 태어나 처음으로 수술대에 올랐다. 수술용 침상에 내 몸을 눕히는 순간 눈물이 왈칵 쏟아졌다. 수술실로 이동하며 병원 천장을 눈으로 따라가는 내내 마음속으로 외쳤다.

'이런 기분 다시 느끼고 싶지 않아!'

의식이 깨어 있는 상태에서 수술받는 일은 상상 이상으로 불편했다. 얼른 끝났으면 하는 마음에, 의사 선생님을 방해하지 않기 위해 최대한 움직이지도 않고 소리도 내지 않았다. 사실은 칼이 살에 닿고 전기 충격이 가해지는 느낌을 고스란히 느끼면서도, 속으로는 끊임없이 외쳤다.
'감사합니다. 사랑합니다.'

수술이 거의 다 끝나갈 무렵, 의사 선생님이 물었다.
"환자분, 안 아파요? 정말 잘 참으시네요."

"정말 잘 견디셨습니다."
수술을 마친 후에도 일부러 내 얼굴이 보이는 쪽까지 오셔서 다시 한번 격려해 주셨다.

고전을 읽으며 인간에 대한 이해의 폭이 넓어졌음을 피부로 느낀다. 단순히 읽기만 한 것이 아니라, 토론을 통해 깨달음의 속도와 깊이가 더해졌다. 혼자서는 읽을 엄두조차 내지 못했을 책들도 함께 읽는 환경 덕분에 완주할 수 있었다. 생각학교ASK에서『레 미제라블』전집(총 5권)을 읽으며 영화나 뮤지컬과는 차원이 다른 감동을 느꼈다.
빅토르 위고가 이 작품을 통해 전하는 인류애는 위로로 다가왔다. 그가 동시대 사람들에 대한 애정을 품지 않았다면 이런 대작을 쓰는 일이 가능했을까? 경이로움마저 느껬다. 작품 곳곳에 담긴 섬세한 묘사는 인간에 대한 세심한 관찰과 사랑 없이는 불가능했을 것이다. 긴 서사 끝에 작가가 전하고자 했던 메시지는 분명했다.

"결국 인간을 구원하는 것은 사랑뿐이다."

적어도 나는 그렇게 해석했다.

특히 인상 깊었던 장면이 있다. 우연히 만난 신부의 도움으로 구원을 받고 새로운 삶을 결심한 장발장은 이후 가난한 이들을 돕는 마들렌이라는 이름으로 살아간다. 그런데 제3의 인물이 장발장으로 오인당해 재판을 받는다는 소식을 듣는다. 자신이 진짜 장발장임을 밝힐지 말지를 두고 고뇌하는 장면은 수십 페이지에 걸쳐 펼쳐진다. 그 장면을 읽으며 인간의 다면성에 대해 깊이 생각했다. 어떤 인간도 완전히 악하거나 선하지 않을 수도 있겠다고 생각하게 되었다.

결국 마들렌 시장은 법정으로 달려가 자신의 정체를 밝혔다. 양심에 따른 행동이었다. 그러나 그 결정을 하기까지 밤새 강도 높은 고민을 이어갔고, 그 고뇌로 머리카락이 하얗게 새어버렸다. 법정 문을 열기 직전까지도 내적 갈등은 계속되었다. 만약 마들렌 시장이 긴 고민 끝에 자신의 신분을 숨긴 채 살아가기로 했다면, 우리는 그를 비난할 수 있을까? 내면의 고뇌를 염두에 두지 않고 겉으로 드러난 행동만으로 판단하는 것은 위험하다는 생각이 들었다.

지금의 나로서는 장발장이 자신의 신분을 밝힌 행위가 어리석은 선택이 아니라고 생각한다. 그것은 자신을 있는 그대로 받아들이는, 진정한 자신과 만나는 순간이었다. 가장 장발장다운 행동이었다고 본다.

수술실에서 나와 가장 먼저 들었던 생각도 비슷했다.
'애쓰지 않아도 충분하다. 누군가에게 인정받기 위해 무언가를 증명하지 않아도 된다. 단지 살아 있는 것만으로도 충분히 가치 있다.'

공동체와 세상에 기여하는 삶도 중요하지만, 그 이전에 자신을 온전히 사랑하는 일이 우선이라는 깨달음이 왔다. 그런 면에서 장발장은 자신을 있는 모습 그대로 받아들이고 사랑했기에(비록 마들렌이라는 이름으로 살아갈 때조차도) 코제트에게 마지막 순간까지 아낌없는 사랑을 나눠 줄 수 있었던 것이 아닐까?

뮤지컬과 영화에서는 'Who am I?'라는 노래가 이 장면에서 흐른다. 이 질문을 나 자신에게도 던져본다.
'나는 누구인가?'

돌이켜보면, 나는 책임감으로 똘똘 뭉친 사람이었다. 어딘가에 쓸모있다는 사실이 기뻤고, 기여하며 영향력을 끼치는 삶을 즐겼다. 하지만 일하는 즐거움에 취해, 내 몸에 무리가 가고 있는지도 모른 채 살아온 어리석음을 떠올리게 된다. '자기 자신에 대한 사랑'이 부족했는지 돌아보게 된다.

세상이 만든 기준에 맞춰 인정받으려 애쓰며 살아가는 것이 아니라, 타고난 모습 그대로 살아가는 것 자체가 타인을 위한 일이자 세상을 위한 길이라는 생각이 든다. 아직도 나는 나를 찾아가는 과정에 있지만, 있는 그대로의 나를 받아들이면 애쓰지 않아도 원하는 일들이 저절로 이루어지고, 충만하게 살아갈 수 있을 것이라는 결론을 지금, 이 순간에는 내린다. 물론 내일은 또 다른 생각이 들지도 모른다. 그건 내일의 내가 답할 몫이다.

> "넌 누구냐?" 쐐기벌레가 물었다.
> 별로 대화를 시작하고 싶어지는 첫마디는 아니었다.
> 앨리스는 좀 수줍게 대답했다.
> "저—저도 잘 모르겠어요, 선생님, 지금은요—어쨌든 아침에 일어났을 때는 제가 누구인지 알았는데, 그 후로 여러 번 바뀐 것 같아요."
>
> - 루이스 캐럴, 『이상한 나라의 앨리스』, 문학동네, 2023, 53

『이상한 나라의 앨리스』를 읽으며 문득 이런 생각이 들었다. 어쩌면 우리는 모두 각자의 '이상한 나라'에 살고 있는 건 아닐까? 누군가의 눈으로 본 타인은, 어쩌면 모두 미친 것처럼 보일지도 모른다. 결국, 우리 각자는 자신만의 독특하고 이상한 세계에 갇혀 살아가는 것이다.

앨리스가 토끼, 고양이를 비롯해 왕과 왕비, 모자 장수 같은 다양한 캐릭터들과 대화를 나누면서 서로를 이해하지 못하는 장면들이 있다. 하지만 독자의 시선으로 제3자의 관점에서 이 상황을 바라보니, 양쪽 모두 이해가 가는 동시에 묘한 웃음이 났다. 우리네 인생도 이렇게 한 발 떨어져서 보면 동화처럼 보이지 않을까?

한편, 이런 생각도 해본다. 나와 타인이 나누는 대화 속에서 완전한 이해와 공감은 애초에 불가능한 것일지도 모른다. 그렇다면 굳이 설득하려 애쓰거나, 반대로 설득당하지 않으려 애쓸 필요가 없지 않을까? 각자가 사는 세상이 다르다는 사실을 인정하면, 오히려 상대를 더 잘 이해할 수 있을 것 같다. 서로 다른 법과 규칙이 적용되는 세상 속에서, 나와는 다른 방식으로 살아가는 사람들을 억지로 이해하려고 애쓸 필요는 없다. 있는 그대로 받아들이면 된다.

반대로, 내가 세운 법칙과 규칙을 이해하지 못하는 사람들에게 억지로 나를 이해시킬 필요도 없다. 나는 내 방식대로 살아가면 그만이다. 하지만 그렇다고 해서 혼자만의 세상에 갇혀 사는 것은 위험하다.

앨리스가 다양한 인물들과 부딪히며 성장하듯, 우리도 나와 다른 생각들과 충돌하며 생각이 깊어지고 마음이 넓어진다. 그런 변화는 그저 세월이 흐른다고 저절로 이루어지는 것이 아니다. 토끼 굴로 뛰어들 것인지 말 것인지는 결국 자신의 선택이다.

> "모든 것에는 교훈이 있는 법이란다. 단지 네가 그걸 찾을 수 없을 뿐이야."
> - 루이스 캐럴, 『이상한 나라의 앨리스』, 문학동네, 2023, 104

내게 주어진 모든 일에는 교훈이 담겨 있다. 지금 내게 왜 이런 일이 일어났을까를 진지하게 고민해보는 과정은, 타인이나 세상을 탓하는 마음을 내려놓고 현재의 상황에 몰두할 힘을 준다. 어쩌면 이번 일은 나 자신을 더 잘 돌보고, 매 순간 감사하는 마음으로 세상을 살아가라는 메시지를 전하기 위해 내게 닥친 것은 아닐까?

병원에서 퇴원한 날 밤, 나는 감사한 분들에게 전하고픈 마음을 담아 1시간 가까이 편지지 10장 분량의 글을 미친 듯이 적어나갔다. 마치 내 생각이 아닌, 미지의 힘이 내 손을 저절로 움직이게 하는 듯한 강렬한 느낌이었다. 그것은 내면 자아가 나를 움직였던 순간이었다고 생각한다. 내면 자아의 목소리를 따라 행동하니 마음이 한결 후련해졌다.

수술이 무사히 잘 끝나고, 기력을 어느 정도 회복해 이렇게 앉아 글을 쓸 수 있다는 사실이 얼마나 감사한 일인가! 내 앞에 펼쳐지는 모든 순간에 감사하고 경탄하면서 가장 나다운 모습으로 살아가고 싶다.

> "여기서는 어떤 길로 가야 하는지 알려주겠니?"
> "그건 네가 어디로 가고 싶은가에 따라 크게 다르지." 고양이가 말했다.
> "어디인지는 별로 상관없어." 앨리스가 말했다.
> "그렇다면 어느 길로 가는지도 상관없네." 고양이가 말했다.
> - 루이스 캐럴, 『이상한 나라의 앨리스』, 문학동네, 2023, 76

그래, 어느 길로 가도 상관없다. 충분히 걸어가다 보면 결국 어디엔가 도착해 있을 테고, 길 끝에 언제나 나를 사랑하고 응원하는 내가 있을 테니까. 길모퉁이를 돌아가면 어떤 재미난 일이 펼쳐질지 모를 일이다.

작가노트 | 최선경

    타고난 체력이 좋다고 늘 자랑해 왔었는데, 얼마 전 몸에 이상이 생긴 것을 알게 되었다. 두 달여 동안 대학병원에서의 각종 검사와 기다림 끝에 드디어 수술을 마쳤다. 몸에 이상이 있다는 것을 알고 나서도 평상시처럼 생활했다.

    그사이 준비하던 단독 저서가 세상에 나왔고 직장에서는 병가를 내야 하는 상황이라 평소보다 더 높은 강도로 야근까지 하면서 일했다.

    사람들이 나보고 참 씩씩하다고 한다. 걱정하는 분들을 오히려 내가 안심시킨다. 마른하늘에 날벼락 같은 상황을 대수롭지 않게 여기고 담대하게 나아갈 수 있는 것은 고전을 읽고 쓰는 삶을 수년간 해왔기 때문이라고 생각한다.

    자고로 하늘은 큰일을 하는 사람에겐 반드시 시련을 준다고 했다. 수많은 고전 속에서 주인공들이 자신 앞에 닥친 어려움을 극복하며 성장했듯이 나 또한 지금 내 앞에 주어진 걸림돌을 디디고 일어서 나 자신을 돌보고 더욱 단단해지는 기회로 삼을 것이다.

    '괜찮다, 아무것도 아니다.' 주문을 걸었지만 다소 마음이 복잡하고 흔들린 시기에 쓴 글이라 나중에 다시 읽을 때 어떨지 모르겠다. 그럼에도 불구하고 글쓰기를 놓지 않고 공저를 마무리한 나 자신을 그냥 칭찬해 주고 싶다.

    나의 가장 든든한 지원군은 바로 나 자신!

    이제까지 잘 해왔고 앞으로도 잘 해낼 거라 믿어 의심치 않는다.

하소현

완전함을 의심하며 읽지 않는 세상에 반항하는 글쟁이.
잘 살고 싶어 책을 붙들었고, 이제는 책에 둘러싸인 작은 방 한 켠에 살고 있습니다.
매일 글을 쓰고, 길이길이 기억될 책을 만들고 있습니다.

저서 『가난의 마침표』
공저 『오늘도 꿈모닝입니다』
일간 레터 「소피의 문장들」 발행인

인스타 : @sophie_sentences
이메일 : sohyun.ha91@gmail.com

무엇을 보고 있는가

삭, 삭, 삭...

흑연이 가득한 연필로 종이 위에 그림을 그릴 때, 연필 끝과 종이가 맞닿으며 내는 소리는 어딘가 맑고 청아했다. 특히 표면이 오돌도돌한 스케치북에서는 연필의 사각거리는 소리가 더욱 선명하게 울렸다. 그 소리는 20년이 지난 지금도 가끔 머릿속에 떠오르곤 한다.

처음 흑심이 스케치북을 가르는 소리는 짧고 연약하다. 힘을 빼고 가볍게 선을 긋기 때문이다. 귀를 간지럽히는 듯한 그 미세한 소리에 매료되어 점점 손끝에 힘이 들어간다. 선을 긋는 횟수가 늘어날수록 선은 굵어지고, 소리는 점점 거칠어진다. 어디서 솟아난 힘일까? 과거가 현재를 끌어당기듯, 엄청난 힘에 의해 나는 과거 기억의 한편으로 빨려 들어간다. 강렬하며 끊김 없는 진한 선의 채워짐. 한참의 비벼짐 끝에 완성된 새까만 스케치북이 눈앞에 선명해진다.

연필 끝의 금장 잠자리가 닳아 벗겨졌다는 것은, 연필의 길이 또한 그만큼 짧아졌음을 의미한다. 그림을 그리는 이들에게 짧아진 연필의 길이는 연습의 양을 말해주는 증거와도 같았다. 내 연필은 자주 짧아졌지만, 온전한 연습의 결과 때문은 아니었다. 연습을 핑계 삼아 검정 배경을 만들듯 계속 연필을 종이에 문지른 탓에 그저 빨리 닳았을 뿐이었다. 허름해진 몽땅 연필은 흑심과 스케치북을 억지로 부딪쳐가며 무엇을 그려야 할지 몰라 방황하던, 그러나 무언가 이야기를 그리고 싶어 안달 나 있던 내 조급한 마음을 고스란히 드러낸 흔적이었다.

미술을 처음 배우는 학생은 선 그리기부터 시작한다. 선은 그림의 가장 기본이자 핵심적인 요소다. 꽤 오랜시간 지루하고 화려함이란 없는 선 그리기가 이어진다. 하지만

이 과정을 견디고 나면 선을 자유자재로 다룰 수 있게 되고, 마침내 그에겐 명암을 넣을 자격이 주어진다.

겨우 빛과 어둠으로 구성된 명암은 놀랍게도 도형(사물)에 생명력을 불어넣는다. 빛과 어둠이 도형과 만나면, 스케치북 안은 생동감이 돈다. 다음 단계는 음영이다. 도형의 그림자는 공간이라는 차원을 선사한다. 음영을 통해 다차원의 깊이를 맛본 인간은 이제 더 큰 깊이를 갈망하기 시작한다.

갈망은 원근법을 통해 자신의 존재를 표출한다. 그림에 거리감이 담기자 스케치북 위에는 존재의 감각이 탄생한다. 일부 예술가들은 이러한 일련의 과정을 거쳐 마침내 살아 움직이는 세계를 창조한다.

나의 미술 선생님은 선의 강약을 자유롭게 활용하는 것이 소묘의 고급 기술이라고 했다. 환한 빛은 어떻게 표현할 것인가? 빛에 가려진 부분은 또 어떻게 그려야 할 것인가? 어설픈 초보의 눈에는 오직 희고 검은 영역만 보인다. 애쓰는 내게 선생님은 어둠을 까맣게 '감각'했디고 연필로 표면이 구분되지 않을 만큼 검게 칠하는 것은 물체를 제대로 표현한 게 아니며 반대로, 빛이 있다고 해서 선이 없는 것이 아니라고 숱하게 강조하셨다.

어린 시절의 나는 24색의 알록달록함에 혼이 빼앗겨 소묘를 참 우습게 여겼던 모양이다. 물체를 생동감 있게 관찰하는 눈을 가지라는 스승의 가르침을 흘려듣고, 그럴싸하게 다음 단계로 넘어갈 궁리만 했다. 눈앞의 피사체를 제대로 바라보지 않고, 머릿속에서 떠오른 피사체를 제멋대로 그렸다.

대충 그려진 그림은 그림자마저 엉뚱하게 그려졌다. 그럴싸한 그림을 자랑스러워 하며 스승에게 가져가면, 스승은 되려 '무엇을 보고 있냐'고 물었다. 머쓱해진 나는 보이는 그대로를 그렸다고 대답하곤 했다. 하지만 그것은 핑계였다. 내가 본 것은 기술에 대한 칭찬을 기대하며 그린 그림이거나, 어쩌면 동굴 속에 비친 내 그림자에 불과했다.

시간이 흐를수록 그림자가 허리춤으로 쏘는 원기둥이나 좌측 머리에서 빛을 받는 구 같은 형태는 나에게 너무 익숙해졌다. 관찰하는 법을 잊어버린 나는 점점 연필을 들어 올릴 수 없게 되었다. 사물을 온전히 정의하는 훈련을 게을리한 결과였다. 생명력을 불어넣으려 온갖 상상을 동원해 명암을 넣어도 내 그림은 여전히 죽어있었다.

빛이 물체에 닿는 방식, 그리고 빛과 어둠이 착각을 일으켜도 물체의 본질은 변형되지 않는다는 사실을 나는 제대로 이해하지 못했다. 그것은 관찰과 치열한 고민을 통해 쟁취해야 하는 것이었다. 하지만 나는 머릿속에 저장된 이미지를 꺼내 쓰는 것으로 만족했다. 그렇게 익숙함에 눈이 멀어, 나는 한동안 그 상태에 머물러 있었다.

소묘의 확장성, 그리고 스승이 늘 강조하셨던 '무엇을 보느냐'라는 질문의 의미를 온전히 이해하기 시작한 것은, 한참 나이가 들어 고전을 읽기 시작한 이후였다.

플라톤의 책 『국가』에는 이런 구절이 나온다.

> 여기 지하 동굴이 하나 있고 그 안에 사람들이 살고 있다고 생각해 보게.
> - 플라톤, 『국가』, 숲, 2013, 514a3

주역인 소크라테스와 대담자 글라우콘은 우리가 선을 배워야 하는 이유에 관해서 '동굴의 비유'를 들어 설명한다. 이 비유의 핵심은 동굴에 갇힌 죄수가 고개를 돌릴 수도 없는 상태로 벽에 비친 그림자만을 보며 그것을 진리라고 믿는 모습이다.

소크라테스는 교육이란 바로 이러한 죄수의 상내에서 벗어나게 돕는 과정이라고 말한다. 동굴 속 그림자만을 보던 이에게 밝은 빛이 쏟아지는 쪽으로 몸을 돌리게 하고, 그를 세상 밖으로 이끌어 태양을 마주 보게 한다는 것이다.

태양을 통해 그는 세계를 진정으로 이해하게 된다.

> 하나가 그 자체로 충분히 보이거나 다른 감각에 의해 파악된다면, 손가락의 경우처럼 실체로 이끌어가는 힘을 갖지 못할 것이네. 하지만 언제나 그와 동시에 정반대되는 것이 보여서 하나인지 또는 정반대되는 것인지 확실하지 않다면, 혼은 그것을 판별할 수 있는 힘이 필요할 것이네. 그런 경우 혼은 필연적으로 혼란에 빠져 자기 안에 있는 사고를 깨우며 탐구할 것이고, 하나란 대체 무엇인지 물을 것이네. 그리하여 하나에 대한 학습은 실재를 관찰하도록 이끌어가며, 그쪽으로 전향시키는 것 가운데 하나가 될 걸세.
>
> - 플라톤, 『국가』, 숲, 2013, 524d9~525a3

더듬거린다. 조금 더 이해하고 싶은 마음에, 침침해지는 눈을 비벼가며 어둠과 빛이 교차하는 글자의 세계로 자진해서 걸어 들어간다. 공포와 고난의 시간이 쌓여갈수록 동굴 속에서 그림자만을 보며 진리라 믿는 이들은 마치 나 같았다. 그리고 소크라테스는 소묘를 가르쳐주시던 미술 선생님 같았다. 내가 제대로 보고 있다고 주장할 때마다 "무엇을 보고 있느냐?"고 물으시던 나의 스승 말이다. 나는 그제야 소크라테스의 동굴 비유와 소묘가 깊이 닮아 있음을 깨달았다.

　플라톤의 『국가』는 나에게 이데아와 본질을 보라고 가르치던 수많은 스승 중 하나였다. 이 세상은 빛과 어둠에 따라 내 눈이 착각을 일으킬지라도, 절대 변하지 않는 형태-즉 본질과 이데아-가 존재한다. 그리고 그 형태는 곧 나 자신이기도 했다.

　인생 전반에 걸쳐 숱한 빛과 어둠이 나를 덮칠 때마다 "나는 누구인가?"라는 질문에 흔들렸다. 그때마다 어둠은 숨기고 밝은 부분만 드러내고 싶어 했다. 남들의 눈에 비친 나의 모습은 빛과 어둠이 합쳐진 형상이었지만, 나는 어둠을 먼저 보는 사람보다 밝은 부분을 먼저 보는 사람들에게 마음을 더 주었다. 그들만이 나의 진가를 본다고 믿었다.

　그것은 마치 불빛에 투영된 내 그림자를 바라보며 나를 판단하는 일과 같았다. 어제는 난쟁이처럼 왜소한 내 그림자에 실망하고, 오늘은 거인처럼 커진 내 그림자에 만족하는 나였다. 관찰하지 않고 머릿속의 그림을 그리던 소묘의 습관을 내게도 사용했다.

　『국가』를 읽으며 여러 번 나를 잃었다. 제법 쓸만하다고 자부했던 머리가 사실은 세상의 관념에 오염되어 있음을 깨달았다. 읽어내는 시간은 외로웠고, 이해되지 않는 순간에는 좌절했다. 고대 그리스 시대의 사유를 들여다본다고 해서 당장의 생계가 해결되는 것도 아니었고, 나의 독서 행위에 관한 열렬한 지지자가 생기는 것도 아니었다. 오히려 벽돌처럼 두꺼운 책을 들고 다니는 이상한 사람으로 여겨질 뿐이었다.

오랜 시간 나에게 주어진 어둠을 괴로워하면서도, 동굴 밖의 밝은 빛을 믿고 한 걸음씩 나아갔다. 동굴 끝에 다다르고 나니 내가 마주한 것은 온전한 '나'였다.

나의 내면엔 빛과 어둠이 언제나 공존한다. 하지만 명암은 나의 본질을 해치는 것이 아니라 생명력을 부여하는 것이었다. 오히려 나는 이 과정에서 밝기를 조절하는 힘을 얻었고, 어둠 역시 나에게 소중한 가치를 지닌다는 사실을 깨달았다.

"무엇을 보고 있느냐?"는 질문이 내 안에 들어와 빛과 어둠을 마주한 순간, 선명히 그리고 아주 천천히 나를 바라봤다. 생명력에 깊이를 담고 싶어진 나는 이제야 비로소 나를 다시 소묘하기 시작했다.

작가노트 | 하소현

'쓸데없는 짓 하지 말고 남들처럼 취업해서 돈 모아라.'
'책 그거 읽어서 뭐에 쓰려고 그러는데?'

한때 취업은 하지 않고 책만 붙들고 살던 나에게 어머니와 주변 어른들이 자주 했던 말이다. 책과 한 평생 같이 살아보겠다고 다짐한 사람이라면 누구나 한 번쯤 들어봤을 질문일 것이고, 자기 자신에게도 수도 없이 되물어봤을 이야기다. 뾰족한 결과물이 보이지 않는 책과 글의 세계에서 얼마나 많은 사람이 방황하는지 나는 너무 잘 알고 있다.

약 8년간 책을 읽고 글을 써 왔다. 아주 느리지만 아주 점진적으로 쌓아 올린 그 시간 속에 내가 얻은 건 이 한 문장이다.

"아파트 건축물을 세우듯 누구나 자신만의 삶을 세우고 있다. 쌓아 올린다는 뜻이다."(「소피의 문장들」, 211화 '완벽함의 저주')

책과 글은 나라는 건축물을 잘 짓기 위한 핵심적인 도구다. 끊임없이 읽고 쓰는 과정을 통해 스스로의 가능성을 엿보는 기회를 얻는다.

지금 당장은 책과 글이 내게 직접적인 답을 주지 않는 것처럼 느껴질 때가 있다. 하지만 그것들은 결국 내가 없는 자리에서도 내 생각과 기록으로 남아 빛을 발할 것이다. 그것만으로도 충분히 쓰임이 있다고 생각한다.

When life gives you lemons, make lemonade.

햇살

독서 속에서 평온을 찾으며, SF를 읽을 때 가장 시간이 빨리 지나가는 것을 느낍니다. 문학에서 삶의 이야기를 발견하고, 고전의 매력을 알아갑니다. 고전은 여전히 어렵지만, 어려움 속에서도 천천히 깊이를 더해가는 중입니다.

바다 가까이에 사는 행운을 누리며, 넋 놓고 바다를 바라보는 시간을 사랑합니다. 바다와 함께 사색하며 수평선처럼 넓은 사유를 꿈꿉니다.

독서 모임 '도란도란'을 운영하고 있습니다. 비경쟁 독서토론을 통해 따뜻한 소통과 깊이를 나눕니다. 우연히 들은 스페인어 발음에 매료되어 새로운 언어를 탐구하고 있습니다. 글쓰기를 통해 마음을 치유하며 저만의 이야기를 써 내려가고 있습니다.

이제는 햇살처럼 따뜻한 글로 독자들과 공감의 순간을 나누고 싶습니다.

인스타 : @sunshine_autora
블로그 : https://blog.naver.com/dh_rosemary
이메일 : cartasolera@gmail.com

빛을 따라

　은은히 흐르는 음악과 향긋한 커피가 있는 아늑한 공간. 집 근처에 새로 생긴 작은 책방은 자연스레 내게 빛과 같은 존재가 되었다. 그곳에서 고전을 접하며 변치 않는 가치들을 발견하고 위로받으며 다채로운 묘미를 만끽했다. 그리고 그곳에서 만난 『인간의 대지』는 내 삶에 커다란 전환점이 되었다.

　『인간의 대지』를 읽기 전, 나는 지독한 우울감 속에 빠져 있었다. 그러나 그것이 우울인지조차 모르고 지냈다. 원인은 인간관계였다. 한 번 틀어진 관계는 되돌리기 어려웠고, 남은 건 깊은 상처뿐이었다.

친구라 여겼던 그녀와의 관계가 그랬다. 상냥하고 다정한 성품의 그녀는 마치 선물 같은 존재였다. 하지만 어디서부터 잘못된 것일까? 아이들의 문제로 우리는 완전히 틀어졌다.

"내가 너 생각해서 하는 말인데, 진짜 애 그렇게 키우지 마."

그녀가 쏟아낸 공격적인 말들은 육아에 매진해 온 내게 큰 상처가 되었다. 온전히 육아에 전념할 수 있게 외벌이를 선택한 남편의 배려에도 육아를 제대로 하지 못했다는 자책감이 밀려왔다. 아이를 잘 키우고 싶어 쏟아부었던 모든 노력들이 다 헛된 일처럼 느껴졌다. 그녀와 문제가 생긴 이후, 다른 학부모들마저 나를 외면하기 시작했다.

그때부터였다. 나는 스스로 집에 갇혔다. 밖에서 그들을 마주할 자신이 없었다. 인사를 건네도 모른 척하는 그들의 태도가 두려웠다. 하지만 나 역시 그들과 눈을 마주치고도 모른 척할 자신이 없었다. 점점 바깥세상이 두려워졌고, 나중에는 커튼조차 열 수 없게 되었다.

그 어둠 속에서 나는 스스로를 잃어갔다. 무엇도 나를 일으켜 세우지 못할 것 같은 절망감 속에서, 나는 점점 무기력하게 어둠에 잠식되어 갔다. 깊고 끝이 보이지 않는 어두운 물속으로 서서히 가라앉는 기분이었다.

그런 중에도 나는 독서 모임만큼은 빠지지 않고 참여했다. 그것이 나의 유일한 숨구멍이었다. 독서 모임에서는 내가 모르는 사람들과 억지로 어울릴 필요도 없었고, 관심 없는 이야기에 귀를 기울일 이유도 없었다. 책을 매개로 나누는 대화 자체가 충분히 위로가 되었고, 그 안에서 느껴지는 구성원들의 경청과 존중은 내게 안정감을 주었다. 무엇보다도, 모임의 구성원들은 선입견 없이 서로를 대하며 예의를 지키는 사람들이었다. 그곳은 내가 안전하다고 느끼는 공간이었다.

이늑하고 따뜻한 분위기의 책방은 금세 나의 아지트가 되었다. 공통의 관심사를 가진 사람들을 만나는 장소이자, 나만의 안전지대. 서로의 삶보다 요즘 읽고 있는 책이 더 궁금한 사람들 사이에서, 나의 마음이 조금씩 부드럽게 풀어졌다.

낭독 모임에서 만난 『인간의 대지』는 생텍쥐페리가 쓴

산문이다. 이미 그의 『어린 왕자』를 읽었던 터라 약간의 내적 친밀감을 안고 책을 펼쳤다. 『인간의 대지』에서 생텍쥐페리는 비행 조종사라는 특수한 직업을 통해 누구보다 높은 곳에서 자연을 보고 느낀 경험을 담아낸다. 이 책을 읽으면서 『어린 왕자』가 탄생한 배경을 자연스레 알게 되어 더욱 흥미로웠다.

특히 『인간의 대지』를 낭독하는 순간은 더욱 따뜻했다. 늘 아이에게만 책을 읽어 주다, 누군가가 내게 글을 읽어 주는 경험은 오랜만이었다. 그 목소리를 들으며 어린 시절 엄마가 책을 읽어 주시던 기억이 떠올랐다. 그 순간, 마치 내가 그 공간에서 아주 소중한 사람이 된 것 같은 기분이 들었다.

다른 사람의 목소리로 듣는 『인간의 대지』는 책을 읽을 때와는 또 다른 울림을 주었다. 첫 문장은 마치 어두웠던 내 마음에 단번에 꽂혀 깊은 인상을 남겼다.

> 대지는 우리 자신에 대해 세상의 모든 책보다 더 많은 것을 가르쳐준다. 이는 대지가 우리에게 저항하기 때문이다. 인간은 장애물과 겨룰 때 비로소 자신을 발견한다.
>
> - 생텍쥐페리, 『인간의 대지』, 펭귄 클래식 코리아, 2015, 9

이 문장은 마치 집에만 숨으려던 내게 '대지가 부르는 곳으로 나오라'고 외치는 것 같았다. '책보다 더 많은 것을 가르쳐주는 대지'라니, 그 말이 얼마나 궁금하게 들렸는지 모른다. '장애물과 겨룰 때 비로소 자신을 발견한다'는 말은 지금의 내 상황과도 맞닿아 있었다.

　지난날 나는 나의 과오를 직시하기 위해 얼마나 힘겨운 시간을 보냈던가. 그녀의 진심이 아닌 과장된 칭찬, 진실과 생략을 조합한 거짓을 알면서도 묵인했다. 언행이 일치하지 않고 모순된 행동을 발견하면서도 애써 외면했다. 그 결과는 고립이었다.

　첫 문장의 강렬함이 채 가시기도 전에, 서문의 마지막 문장이 또 한 번 나를 깊이 울렸다.

> 우리는 서로 맺어지기 위해 꼭 노력해야 한다. 들판 여기저기에서 타오르는 저 불빛들 중 몇몇과 소통하기 위해 애써야만 하는 것이다.
> - 생텍쥐페리, 『인간의 대지』, 펭귄 클래식 코리아, 2015, 10

　눈물이 날 것 같았다. 누구나 한 번쯤은 무너지는 순간을 경험하기 마련이다. 나에게 그 순간은 인간관계였다. 그리고 나는 그 무게를 견뎌낼 수 없었다.

그런데도 고전은 새로운 관계를 맺으라고 다정하게 충고한다. 어쩌면 이렇게 따뜻한 말이 있을까. 소외되고 고립된 시간을 보내며, '삶'의 의미는 점점 희미해졌다. 즐거움보다는 괴로움이 더 컸고, 또다시 상처받을까 두려워하면서도 한편으로는 타인과의 교류를 간절히 원했다.

그런 내게 생텍쥐페리는 말한다. 인간은 혼자 살아갈 수 없으니, 다시 맺어지기 위해 힘을 내라고. 그의 희망에 찬 말은 한 줄기 빛이 되어 내 어둠의 틈을 비집고 들어왔다. 그 빛이 내 안에 희망의 온기를 불어넣었다.

서문의 깊은 감동을 가슴에 품고, 몇 주에 걸쳐 여러 사람의 목소리로 『인간의 대지』를 읽어 나갔다. 비행 조종사인 생텍쥐페리의 시야와 관점으로 그려진 글을 들으며, 아름다운 풍경이 눈앞에 펼쳐지는 듯했다. 그가 바라본 하늘과 너른 대지, 끝없이 이어지는 모래사막과 바람, 별빛이 쏟아지는 하늘. 위협적으로 솟은 산과 시시각각 요동치는 바다. 그 모든 생동하는 자연에서 나는 경이로운 아름다움을 느꼈다.

동시에 마음에 힘도 생겨났다. 지금보다 조금 더 내 세상을 넓히고자 하는 용기. 책에서만 위안을 찾을 것이 아니라, 실제로 하늘과 바다, 그리고 별을 보고 마음에 담아보겠다는 의지가 생겼다. 깊고 끝을 알 수 없는 어둠 속에 침잠해 있던 내게『인간의 대지』는 무거웠던 마음을 서서히 가볍게 해주었다. 마치 햇살처럼 눈부신 노란색 책 한 권이 내 어둠을 비추는 한 줄기 빛이 된 것이다. 가벼워진 마음은 수면을 향해 두둥실 떠올랐다.

어느덧 우울증 치료를 시작한 지도 일 년이 지났다. 여전히 나는 침잠과 부양을 반복하고 있다. 하지만 고전을 읽으며 삶을 성찰하는 시간은 떠오름에 큰 도움이 되고 있다. 이렇게 내게 빛이 되어준 고전은 때로 약보다 효과가 더 큰 효과를 발휘한다.

사색의 즐거움과 자연에서 삶을 발견하는 시간은 긍정과 희망으로 마음을 부풀게 한다. 생텍쥐페리가 느꼈던 바다를 떠올리며 나도 바깥으로 나가본다. 그가 바라봤던 밤하늘을 느껴보고자, 자정이 지난 고요한 시각에 밖으로 나가 별빛을 따라 눈을 들어본다.

> 구름에 붙잡히자마자 나는 조종간을 놓았네.
> - 생텍쥐페리,『인간의 대지』, 펭귄 클래식 코리아, 2015, 48

자연을 바라보며 생각한다. 나는 이 광활한 자연 안에서 너무나 작은 일부에 불과하다. 이렇게 거대한 세계에서 왜 그토록 자책하고 괴로워했을까.

인생이라는 굽이치는 바다에서, 나 역시 생텍쥐페리가 그랬듯 조종간을 놓고 자연의 흐름에 몸을 맡기려 한다. 외력에 저항하기보다는 나를 붙잡고 요동치는 바다의 흐름을 따라가기로 한다. 그렇게 바다가 잔잔해질 시기를 기다릴 것이다.

그날이 반드시 올 것임을 이제는 안다. 그리고 그날, 나는 수면 위를 가득 채운 윤슬처럼 다시 빛나며 반짝일 것이다.

작가노트 | 햇살

지난 몇 년간 인생의 가장 어두운 터널을 지나고 있습니다. 지금은 그 터널 속에서 만난 빛을 따라 조금씩 어둠을 벗어나 밝은 세상을 향합니다.

고전을 통한 치유의 과정에서 자연스레 어머니가 떠오릅니다. 어릴 적, 아기 동생을 업고 제 손을 잡고 도서관에 가던 어머니.

봄이면 개나리꽃이 늘어서고, 가을이면 낙엽이 가득했던 그 길을 함께 걸었습니다. 도서관에서 빌려온 책을 잠자리에서 읽어 주시던 어머니의 따뜻한 목소리는 오래도록 제 마음에 남아 있습니다.

어머니께서 심어주신 독서의 씨앗은 제 마음 깊이 뿌리내려, 힘든 시간에도 저를 지켜주었습니다. 무기력한 시기에도 책을 꺼내 볼 수 있었고, 그 속에서 위안을 찾았습니다.

때로는 책을 전혀 읽을 수 없던 시간도 있었습니다. 하지만 그런 시간 덕분에, 읽는 사람들 틈에서 고전이 주는 특별한 힘을 발견할 수 있었습니다.

지나고 보니, 어머니께서 제게 얼마나 큰 선물을 주셨는지 깨닫습니다. 세상을 살아가는데 무엇보다 소중한 보물을 심어주신 어머니께 깊이 감사드립니다.

그리고 이 자리를 빌려 사랑의 마음을 전합니다.

사랑해요, 엄마.

When life gives you lemons,
make lemonade.

이상미

이런저런 소음을 피해 4년 전 고흥으로 왔다.
이젠 좀 조용히 사나 싶었는데 여기저기서 휘몰아치는 펀치를 맞고 휘청거리는 중이다.
5년째 읽고 있는 고전 덕분에 그나마 정신을 붙잡고 있다.

공　저 : 『책을 읽고 자유를 만나다』
블로그 : https://blog.naver.com/gsjlove79
이메일 : gsjlove79@naver.com

인생은 지옥이다

'500미터 앞 터널 진입입니다. 출구까지는 백만 킬로미터 남았습니다.'

만약 내비게이션처럼 인생의 터널도 예측할 수 있다면, 그나마 견딜 수 있을까? 아니면, 인생은 애초에 출구 없는 터널의 연속인 걸까?

"나... 아이들만 아니면 아침에 눈을 안 떠도 괜찮을 거 같아..."

2년 전 겨울, 아버지를 떠나보냈다. 얼마 지나지 않아버섯 재배에 투자한 2억을 날렸다. 남편과 나는 눈만 마주쳐도 서로를 증오의 말로 찔렀다. 따뜻한 봄이 오면, 아니면 해가 바뀌면 조금 나아질까? 하지만 이번에는 돈뿐 아니라 사람까지 잃었다. 내가 한 선택들은 결국 나를 지옥으로 몰아넣었다. 네 살, 열한 살 두 아이를 키워야 하는 마흔여섯의 내게 남은 것은 후회와 빚뿐이었다.

> 우리 인생길 반 고비에
> 올바른 길을 잃고서 난
> 어두운 숲에 처했었네.
> - 단테 알리기에리,『신곡』, 민음사, 2021, 7

단테의『신곡』지옥 편은 이렇게 시작한다. 고달픈 인생의 중반을 이 짧은 문장이 모두 담아낸 듯하다. 마치 고속도로 한가운데에서 고장 난 차 안에 갇혀있는 기분이다.

작년 여름, 포항에서 고흥으로 향하던 길이었다. 2차선 고속도로의 1차선을 달리던 중 갑자기 "펑"하는 굉음이 들렸다. 차가 왼쪽으로 급격히 기울며 공기압 경고음이 울렸다. 갓길에 차를 세운 나는 떨리는 손으로 보험회사와 남편에게 전화를 걸었다. 남편은 차에서 내려 있으라고 했지만, 승용차 한 대가 겨우 지나갈 만큼 좁은 갓길에 서 있을 용기가 없었다. 견인차가 도착할 때까지 차 안에서 온갖 사고를 떠올리며 백미러만 쳐다볼 뿐이었다.

지금 내 상황도 그때와 다르지 않다. 신나게 달리던 때는 앞만 봤지만, 예기치 못한 사고로 멈춰 선 뒤에는 백미러에 시선을 고정한 채 지나온 시간만 더듬고 있다.

'어디서부터 잘못된 걸까?

3년 전, 대구서 고흥으로 이사 온 것부터?

높은 수익률에 눈이 멀어 남편의 퇴직금과 대출금까지 보태 투자한 것?

내 앞가림도 못하면서 누군가를 돕겠다는 마음으로 천만 원 가까운 돈을 선뜻 내놓았던 선택?

이제 나는 어떻게 해야 할까?'

좋아하는 책도 눈에 들어오지 않았다. 대신 몸을 움직이기 위해 애썼다. 버려졌던 마당에 흙을 깔고, 이웃에게 얻어온 꽃과 작은 나무들을 심었다. 손바닥만 한 모종에서 자란 방울토마토와 대롱대롱 매달린 오이가 내게 웃음을 되찾아 주었다. 억지로라도 걸어 나가 햇빛을 맞고 바람을 들이마셨다. 눈물 대신 땀을 흘리며 머릿속을 비웠다.

어리석은 나는 그렇게 당하고서도 인생이 내 뜻대로 될

줄 알았다. 하지만 씨앗이 싹을 틔우고 꽃을 피우기 위해선 알맞은 화분, 적당한 양의 흙, 그리고 시기적절한 수분 공급이 필요하다. 식물마다 필요한 햇빛의 양도 다르다. 해충이 생기진 않았는지 살피고, 때때로 영양제도 줘야 한다. 이렇게 세심한 돌봄이 필요한데, 내 인생은 그저 되는 대로 살아온 것만 같다. 막연히 다 잘될 거라는 희망만 품고 말이다. 하지만 책임을 지고 대가를 치러야 한다는 사실은 생각보다 아프게 다가왔다.

2년여 간의 폭풍 속에서 내가 배운 것은 '인정하고 받아들이는 법'이었다. 단테처럼 도망치지 않고 지옥 속으로 걸어 들어가 고통의 원인을 직시했다. 욕심과 교만, 어리석음의 돌덩이를 짊어진 내 모습을 바라보았다.

> 그렇게 우리는 우주의 모든 죄를 쌓아 놓은
> 그 완강한 심연을 더듬으며
> 네 번째 고리로 내려갔다.
>
> 아, 하느님의 정의여! 제 눈앞에 펼쳐진,
> 알지도 못했던 번민과 고통은 누가 쌓아 놓았습니까?
> 왜 죄악은 우리를 이처럼 파멸시킵니까?

(중략)
다른 어느 곳보다도 여기서 더 많은 무리를 보았다.
그들은 여기저기서 있는 힘껏 비명을 지르며
가슴으로 무거운 짐을 밀어내고 있었다.

(중략)
음침한 고리를 한쪽에서 다른 쪽으로
어두운 원을 그리며 맴돌고 있었다.

- 단테 알리기에리, 『신곡』, 민음사, 2021, 69~70

    신곡의 지옥에서 펼쳐지는 장면들은 현실과 크게 다르지 않게 느껴진다. 사람마다 짊어진 무거운 짐의 종류는 다르겠지만, 그 누구도 예외 없이 무언가를 짊어지고 살아가고 있다. 반평생을 살아보니, 고난과 역경이 삶의 대부분이라는 생각에 고개가 숙여진다. 그렇다고 멈춰 설 수도 없다. 터진 타이어 하나 때문에 고속도로 한가운데 서 있을 순 없는 노릇이다.

    다행히 내겐 아직 버텨낼 나머지 세 개의 타이어가 있다. 고장 난 하나는 구멍을 메우고 다시 출발하면 된다. 차량 점검을 하듯 내 삶도 수시로 살피며 운행한다면, 설령 사고가 나더라도 충격은 조금은 덜하지 않을까.

    삶의 출구는 어쩌면 죽음일지도 모른다. 무엇을 향해

계속 달려야 할지 명확하지 않을 때가 있지만, 마지막 시간이 찾아오기 전까지는 달려야 한다. 방 안에서 꼬물거리는 두 딸을 위해, 외딴 곳에서 생업을 위해 분투하고 있는 남편을 위해서라도 말이다. 기다리던 꽃이 피지 않아도 괜찮다. 방울토마토가 열리지 않고 오이가 자라지 않아도 어쩔 수 없다. 애초에 꽃이 피지 않는 씨앗일 수도 있고, 때와 환경이 맞지 않아 그럴 수도 있다.

> 마침내 우리는 둥글게 열린 틈을 통해
> 하늘이 실어 나르는 아름다운 것들을 보았고,
> 그렇게 해서 밖으로 나와 별들을 다시 보았다.
> - 단테 알리기에리, 『신곡』, 민음사, 2021, 354

끝날 것 같지 않던 단테의 지옥 여정도 열린 틈을 통해 하늘이 드러나며 마침내 마무리된다. 나 역시 내 문제 속에만 파묻혀 놓쳤던 아름다운 별들을 조금씩이라도 가슴에 담고 싶다.

작가노트 | 이상미

    무슨 정신으로 글을 썼는지 모르겠다. 지금도 내 옆에는 하츄핑 노래를 부르며 정신을 어지럽게 하는 방해꾼이 붙어 있다. 잘 쓰지도 못한 내 글을 통해 무슨 말을 하고 싶었던 걸까?

    "나는 이만큼 힘들어요. 당신은요? 어떻게 그 시간을 견디고 계세요? 정말 대단하시다. 당신의 이야기도 듣고 싶어요."

    그래, 나는 궁금하다.
    누군가의 삶이, 터널의 시간을 지나는 그만의 지혜가.
    인생을 어떻게 살아야 할지, 왜 살아야 하는지 궁금하다.
    아마도 나는 나만의 어둠에 빠지지 않기 위해 쓰는지도 모르겠다.
    끊임없는 질문을 통해 나름의 답을 찾기 위해 고전을 읽는지도.

김창운

우연히 만난 시 한 편이 새로운 세상을 열어주었다.
그 세상에서 읽고, 쓰고, (맨발로) 걸으며
스스로 바로 설 수 있는 힘을 기르고,
나아가 너와 나 그리고 우리 모두 더불어 행복한 세상을 위해
선한 영향력을 전하는 인생 2막을 준비 중이다.

저서로는 『인성 수업』, 『쓰기와 걷기의 철학』, 『하늘 투명 거울』(시집)이 있다.

블로그 : https://blog.naver.com/japtos1228
이메일 : japtos1228@naver.com

좌절을 이기게 하는 치유의 빛

　숨 막히는 열대야로 잠을 설치게 하던 여름도 어느덧 자취를 감췄다. 아침저녁으로 불어오는 바람이 선선하다. 출근길, 학교 후문 오르막길 중턱에 떨어진 밤송이에 시선이 머문다. 밤 두 톨을 주워 사무실로 가져와 책상 위에 올려둔다. 어제도 두 알, 오늘 아침에 또 두 알, 날마다 가을이 알알이 쌓여간다. 가을 분위기를 느끼며 책상 앞에 앉아 컴퓨터를 켠다. 가장 먼저 「Thinker's Page」를 열어 오늘의 칼럼과 서평을 읽는다. 하루의 일을 시작하기 전 '생각을 생각하게 하는' 글을 읽고 평정심을 유지하며, 오늘을 살아갈 마음의 힘을 얻기 위함이다.

스스로 정해놓은 루틴을 실천하며 하루를 살아갈 충분한 힘을 얻었다고 믿었다. 바로 그때였다. 동료가 문을 열고 들어오더니 다짜고짜 고함을 질렀다.

"당신, 일을 그따위로 하면 되겠어!"

"지금까지 내가 당신과 함께 일하면서 올해 가장 힘들었다고!"

"당신이 한 게 뭐가 있어. 내가 다 했지."

"사무실 사람들에게 다 물어봐! 어디 내 말이 틀렸나."

그는 다른 동료들도 들으라는 듯 큰소리로 자기 말만 퍼부었다. 말이 끝나자마자 내 대답은 들으려 하지도 않고 곧장 나가버렸다.

평소 자기중심적이고 일방적인 태도를 보였던 그는 업무에서도 책임소재를 분명히 하며 자기 일만 챙기는 사람이었다. 동료들 역시 '또 왜 저러는 거야!'라는 표정으로 서로를 쳐다보았다. 나는 아무 말도 하지 못한 채, 목구멍을 타고 올라오는 격한 감정을 느꼈다.

'야! 당신이야말로 자기 것만 챙겼지, 한 게 뭐가 있어.'

'목소리 크다고 고함만 지르면 다야!'

'내가 해준 일은 아무것도 기억에 없단 말이지.'

'그래, 어디 한번 당신 마음대로 해봐!'

마음속으로는 맞받아치고 싶었지만, 그는 이미 내 앞에서 사라지고 없었다. 다른 동료들의 시선을 의식하지 않으려 애쓰며, 억울한 마음을 눌러 담았다. 감정의 물결이 밖으로 넘쳐나지 않았을 뿐, 오늘 하루를 살아갈 내면의 힘은 이미 여지없이 무너지고 말았다.

살며시 눈을 감고, 몇 차례 깊게 숨을 들이마셨다가 천천히 내뱉는다. 감정의 물결이 조금씩 가라앉기 시작한다. 잠잠해지고 있는 감정의 흐름을 가만히 들여다보며 조금 전 상황을 복기해본다.

'내가 뭘 잘못했지?'

아무리 생각해도 내가 일을 덜 했다고 할 수도 없었다. 평소 업무 협의에서도 상식을 벗어난 말을 하거나 무리한 부탁을 한 적도 없다. 주변 동료들 역시 그 사실을 잘 알고 있다. 그러나 이런 생각은 어디까지나 나만의 입장일 뿐, 내가 알지 못하는 오해가 있었을지도 모른다.

동일한 상대에게 철벽같은 인간관계의 벽을 자주 느낀다면, 무엇이 잘못된 걸까? 내가 다른 동료들과는 별다른 어려움 없이 잘 지내고 있으니, 전적으로 상대방의 잘못이라 할 수 있을까? 흔히 말하듯 손뼉도 마주쳐야 소리가 난다. 그렇다면 내게도 부족한 점이 있었기 때문이지 않을까. 내게 부족한 점은 무엇인가?

어린 시절을 돌아본다. 4남매 중 막내였던 나는 약골로 태어나 병치레가 잦았다. 고열과 복통, 설사와 변비는 물론, 계절이 바뀔 때마다 감기를 달고 살았다. 몸이 편치 않아서 그랬을까. 밥이나 반찬 투정도 심했다. 대여섯 살 무렵, 꼬들꼬들한 쌀밥에 참기름을 넣어 비벼주지 않으면 절대로 밥을 먹지 않았다. 위장 기능이 좋지 않아 배가 조금만 고파도 허기를 참지 못했다. 엄마가 아무리 달래도 방바닥에 드러누워 벽에다 발길질을 해대곤 했다. 욕심 많고 까칠하며 모난 아이였다.

초등학교 6학년, 초가을이었다. 추석을 보름쯤 앞두고 갑자기 엄마가 세상을 떠났다.

"내가 얼마나 속을 썩였으면 엄마가 돌아가셨을까?"

자책하며 그 못된 아이를 내 안에 꾹꾹 눌러 담았다. 그렇게 더 자라지 못한 아이는 내 안에서 잔뜩 웅크린 채, 다른 사람들의 눈치만 살피며 오랜 세월 힘겨운 삶을 살아왔다.

사십 대 중반 무렵, 박성우 시인의 시「삼학년」을 우연히 만났다. 그때부터 시집을 읽기 시작했다. 책을 읽고 글을 쓰며, 내 안에 웅크린 채 살아왔던 상처 입은 내면 아이를 용기 내어 마주할 수 있었다. 본격적으로 글을 쓰고 새벽 맨발 걷기를 하면서, 성장을 멈춘 내면 아이를 달래고 위로하며 상처를 치유해 나갔다. 그럼에도 아직 완전히 치유하지 못한 걸까? 인간관계에서 벽을 느끼는 이유가 바로 여기에 있는 게 아닐까.

어떤 상황이든 상대방의 말이나 행동 때문에 감정이 흔들릴 필요는 없다. 살아 숨 쉬는 사람이니 감정이 일어나기 마련이지만, 그 감정을 즉시 알아차리고 평정심을 잃지 않도록 연습할 필요가 있다. 크고 작은 잘못을 저질렀더라도, 상대방을 탓하기보다는 자기 자신을 돌아보는 계기로 삼자. 누구도 모든 일에 완벽할 수는 없으니까.

일상에서 원만한 인간관계가 쉽지 않음을 자주 느낀다. 고난과 역경은 언제, 어디서, 어떤 탈을 쓰고 나타날지 모른다. 새벽에 글을 쓰며 자주 떠올렸던 고전 속 글귀들이 문득 떠오른다.

하늘이 장차 큰 임무를 어떤 사람에게 내리려 할 때

는 반드시 먼저 그의 마음을 괴롭게 하고 그의 근골을 힘들게 하며, 그의 몸을 굶주리게 하고 그의 몸을 곤궁하게 하며, 어떤 일을 행함에 그가 하는 바를 뜻대로 되지 않게 어지럽힌다. 이것은 그의 마음을 분발시키고 성질을 참을성 있게 해 그가 할 수 없었던 일을 해낼 수 있게 도와주기 위한 것이다.

- 맹자, 『맹자(孟子)』, 홍익, 2021, 371

나는 또한 고통과 실망과 우울은 우리를 망치고 쓸모없게 만들기 위해서가 아니라, 우리를 성숙시키고 새로운 모습으로 탄생시키기 위해 존재하는 것이라는 사실을 이해하기 시작했다.

- 헤르만 헤세, 『페터 카멘친트』, 민음사, 2019, 106~107

평소 나는, 다른 사람들은 아무런 어려움 없이 편안하고 행복한 삶을 살아가는데, 나만 힘겹고 불행한 삶을 살아간다고 자주 생각하곤 했다. 이는 애초에 나와 타인의 삶을 비교하며 색안경을 끼고 바라보았기 때문이다.

살아 숨 쉬고 있는 한 언제든 만날 수 있는 고난과 역경은, 『맹자(孟子)』에서 전하는 것처럼, '그의 마음을 분발시키고 성질을 참을성 있게 해 그가 할 수 없었던 일을 해낼 수 있게 도와주기 위한 것'임을 마음 깊이 새긴다. 스스로 깨닫고 이겨내지 못한다면, 결국 그 자리에 주저앉고 말 테니까.

파도처럼 끊임없이 밀려오는 고난과 역경 앞에서 좌절만 한다면, 성장과 발전은 기대할 수 없다. 하지만 그 고난과 역경을 '우리를 성숙시키고 새로운 모습으로 탄생시키기 위해 존재하는 것'으로 이해한다면, 그것은 나를 단련시키기 위해 신이 내린 선물이요 축복이라 여길 수 있다.

사방이 어둠으로 뒤덮여 아무것도 보이지 않는 동굴 속에서 절망에 빠져 몸과 마음이 완전히 무너져 내렸던 순간에도, 고전에서 만난 문장들은 내게 한 줄기 희망의 빛을 비춰주었다. 그 문장들을 읽고 또 읽으며 마음속으로 곱씹을 때마다 새로운 시선과 마음의 창이 열렸다.

나만 힘겹고 불행한 게 아니라, 누구나 인생길에서 고난의 계곡을 만날 수 있음을 깨닫는다. 겉으로는 평온하고 순탄해 보이는 타인의 삶도, 그들만의 고난의 강을 꿋꿋하게 건너왔음을 알아차리는 안목이 생긴다.

한 문장씩 읽고 필사하며 마음에 새겨보자. 그 문장들은 나를 위로하고, 마음의 상처를 어루만져준다. 또한, 어떤 고난을 만나더라도 스스로 바로 설 수 있는 내면의 힘을 길러주고, 마음 그릇을 키워준다.

고요하고 신성한 새벽 기운이 감도는 이 순간, 책을 펼쳐 읽는다. 오늘은 또 어떤 문장들이 운명처럼 다가와 내 삶의 등대가 되어줄까. 희망의 빛으로 앞길을 밝혀줄 그 문장들을 기대하며, 설레고 감사하는 마음으로 하루를 연다.

작가노트 | 김창운

    27인이 함께 만들어가는 공저 작업이 개인 저서 때보다 부담이 컸다. 나 하나 때문에 흠이 생길까 봐 초고 쓰는 일도 쉽지 않아 중도 포기하고 싶었다. 「작가의 눈물」 시간에 교장선생님의 지도와 공저 작가들의 합평 덕분에 위로받고 용기를 얻었다. 그동안 책을 읽고 토론하고 글을 쓰며 함께한 시간 덕분에 쌓은 신뢰를 바탕으로 서로 진심을 담은 조언을 나눌 수 있었기 때문이리라.

    인간이 태어나 자신의 사명을 다하듯, 한 권의 책 또한 마찬가지라고 생각한다. 27인의 작가들이 연대하여 저마다의 빛깔과 향기로 써 내려간 문장들이 한 편의 글이 되었고, 그 글들을 모아 책으로 엮어 세상에 태어날 준비를 마쳤다. 인간의 본성을 지키며 읽고 쓰는 삶으로 세상을 비추는 빛이 되려는 27인의 작가들! 각자 품고 있던 글의 씨앗을 싹틔우고 길러 수확한 열매를 모아 한 권의 책으로 내놓는다. 집필 과정에서 서로 주고받은 믿음과 위로를 담은 이 책이 세상에 나아가 묵묵히 자신의 길을 걸으며 사명을 다하길 바란다.

박순희

밖에 나가 노는 것보다 집에서 책 읽는 것을 더 좋아했던 아이.
고등학교 시절 문학 시간을 가장 사랑했던 학생이
마흔 즈음 고전을 만나 읽기의 즐거움을 깊이 만났다.
같이 읽는 즐거움을 아이들과 나누고 싶어
한 책 읽기를 실천하고 있는 20년차 초등교사이다.
내 안에 담겨 있는 미지의 샘물을 글로 써내려가고 싶다는
작은 소망을 가지고 있다.
저서로는 공저 『넋두리로만 그치지 않을 교사의 일상과 성장 이야기』가 있다.

이메일 : pbear99@naver.com
블로그 : blog.naver.com/pbear99
인스타 : @writer_bear2

힘을 빼고 걷는 시간

"몸에 힘을 빼세요. 힘을! 온몸에 힘이 가득해요!"

고등학교 3학년, 수능이 끝난 후 친구 두 명과 함께 수영장에 등록했다.
"수영 정도는 배워야 살아가며 도움이 되지 않겠어?"
친구의 이 한마디에 귀가 솔깃해 따라나선 길이었다.
처음 가본 수영장은 두려움 그 자체였다. 물속에 들어갈 때마다 '이러다 물에 빠져 죽는 건 아닐까?'하는 생각이 들었다. 나는 온몸에 힘을 주며 물에 떠보려 애썼다. 빠지지 않으려는 몸부림이었다.

그때마다 강사님은 소리 높여 이야기하셨다.

"힘을 빼야 떠요! 물에 몸을 맡겨야 해요!"

하지만 나는 물을 먹으면서도 몸에 힘을 빼지 못했다. 자유형은 고사하고 물에 뜨지도 못했다. 결국 힘만 가득 준 채, 그렇게 수영 강습을 마칠 수밖에 없었다.

"놀라지 말고 들어. 운전하다가 쓰러져서 응급실로 가는 중이야."

일하던 중에 울린 전화였다. 남편이었다.

운전하다 정신을 잃었다며 응급실로 이동 중이라는 소식이었다.

남편은 뇌출혈 수술을 했다. 혈관이 다시 터지면 그때는 생명을 장담할 수 없다던 의사 선생님의 말씀이 떠올랐다. 순간 손이 벌벌 떨렸다. 눈앞이 하얘졌다. 급히 상황을 정리하고 운전대를 잡았다. 눈물이 차올랐지만, 꾹 참으며 응급실로 향했다.

응급실에서는 '해줄 수 있는 처치가 없다'며, 수술했던 병원으로 가서 진료를 보라는 답이 돌아왔다. 나는 바로 서울대병원에 전화를 걸었다.

"예약이 되어 있는 환자가 아니지만, 상황이 위급해 보이니 내일 아침 9시까지 오면 진료를 보겠습니다."

아침 9시에 도착하려면 새벽 4시에 출발해야 했다. 남편을 쉬게 하고, 아이는 시댁에 맡겼다. 그러나 잠을 제대로 이룰 수 없었다. 캄캄한 어둠. 새카만 어둠이 내 앞에 펼쳐져 있었다. 주저앉을 수만은 없었지만, 그 어둠 속으로 발을 내딛기란 쉽지 않았다.

병원에 도착해 진료를 받고, 다시 남편을 데리고 내려왔다. 교통사고로 인한 통증을 호소하는 남편을 집 근처 병원에 입원시켰다. 하루를 정신없이 보내고 집으로 돌아왔지만, 여전히 주변은 어두웠다. 차가운 바람이 부는 느낌에 겉옷을 더 여몄다.

운전하다 쓰러진 이후, 남편은 더 이상 운전할 수 없게 되었다. 주치의 선생님도 역시 "운전하며 신경 쓰는 일이 많아질 수 있으니 절대 하지 말라"고 단호히 말씀하셨다. 그렇게 남편의 출근과 아이의 등원은 모두 내 몫이 되었다. 아침마다 유치원 버스를 가장 먼저 태워 보내고, 남편을 회사까지 데려다준 후에야 내 출근이 가능했다. 아침 준비가 조금이라도 늦어지면 유치원 버스도 늦고, 내 출근 시간까지 연달아 밀렸다. 매일 아침은 그야말로 전쟁이었다. 달래고, 어르고, 채근하며 세 식구를 태우는 것이 내 하루의 시작이었다.

"여기 한 번 가보면 어떨까? 아들한테 좋을 것 같아."
"이거 한 번 만들어볼까? 어때?"
남편은 가족과 함께 시간을 보낼 곳을 찾아 보여주며 제안했지만, 내 대답은 늘 같았다.
"싫어. 피곤해서 되겠어? 힘들어. 위험해."

나는 오직 '이건 해도 되겠다'고 판단되는 일에만 움직였다. 가족의 모든 결정을 책임져야 한다고 믿었다. 아픈 남편과 어린 아들을 지키기 위해 어깨에 더 많은 힘을 실었다. 주변에서는 "대단하다, 잘 해내고 있다."고 했을지도 모른다. 하지만 속으로는 가족 모두 곪아가고 있었다.

모든 것을 결정하고 추진하는 내 모습을 보며 남편도 아이도 힘들어했다.
"엄마는 무서워. 무서워서 말을 못 하겠어."

온몸에 힘을 주며 살다 보니 결국 몸이 탈이 났다. 극심한 통증으로 응급실에 실려갔고, 입원까지 해야 했다. 병원 침대에 누워 허탈한 마음을 감출 수 없었다. 나는 가족을 위해 열심히 살고, 책임을 다하며 살아왔다고 생각했다. 하지만 내게 남은 것은 지쳐버린 가족들과 아픈 몸이었다.

어떻게 살아야 할지 막막하게 느껴질 때, 우연히 블로그 이웃이 공유한 글을 보게 되었다. "어떻게 살 것인가를 고민하고 계시나요?"라는 문구가 눈길을 사로잡았다. 생각학교 ASK의 글이었다. 어떻게 살아야 하는지 고전 속에 답이 있다면 찾고 싶었다. 신청서를 작성하고, 단편 토론을 시작했다. 마치 하늘에서 내려온 동아줄을 붙잡듯 간절히 매달렸다. 고전 속에서 나는 인생을 멋지고 완벽하게 살아낸 주인공들을 만날 것이라 기대했다. 그들을 통해 내 삶의 방향도 찾아낼 수 있으리라 믿었다.

그러나 귀스타브 플로베르의 『보바리 부인』 속 엠마 보바리를 만난 순간, 예상과 다른 고전의 모습에 충격을 받았다. 엠마는 결혼 후 꿈꾸던 사랑이 아님을 깨닫고 다른 남자와 몰래 만난다. 그러나 결국 그 남자에게 버림받아 스스로 목숨을 끊는다.
'이런 인물이 고전 속 주인공이라고?'

서머싯 몸의 『달과 6펜스』의 주인공 찰스 스트릭랜드

는 더 충격적이었다. 그는 그림을 그리고 싶다는 욕망을 위해 아내와 아이들을 버리고 파리로 떠난다.
'자신의 욕망을 위해 가족을 버리다니, 이런 인물이 고전 속 주인공이라니.'

프란츠 카프카의 『변신』에서 만난 그레고르 잠자는 더욱 안타까운 인물이었다. 그는 가족들을 위해 열심히 일했지만, 벌레로 변한 이후 가족들의 냉대 속에서 쓸쓸히 죽음을 맞는다. 그의 죽음 후, 가족들은 오히려 홀가분해하며 새출발을 꿈꾼다.
'가족을 위해 애썼던 그레고르가 죽었는데 시원해 하다니, 가족이 저래도 되는 거야?'

고전을 읽을수록, 나는 완벽한 인생을 사는 사람이 없다는 사실을 깨닫게 되었다. 오랫동안 살아남은 고전이 왜 부족해 보이는 인물을 그리는지 궁금했다.
'고전 속 주인공들이 이렇게도 불완전한 이유는 무엇일까?'

고민 끝에 내가 찾아낸 답은 단순하면서도 강렬했다.
"인간은 완벽하지 않고, 완벽할 수 없다."

완벽하지 않아도 된다는 깨달음을 얻고 난 뒤, 조금씩 몸과 마음에 여유가 생기기 시작했다. '열심히 살아야 하고, 모든 것을 제대로 해내야 한다'며 힘을 잔뜩 주던 내 모습을 알아차렸다. 인간은 본래 부족하고 한계를 가진 존재이며, 나 또한 그 한계를 가진 인간임을 인정하게 되었다. 실수를 하더라도, 잘하지 못하더라도 그것만으로 괜찮다는 사실을 깨닫자, 마음속에서 무언가가 서서히 풀리며 자유로움이 스며들기 시작했다.

"강아지 데리고 오자."
"무슨 강아지야. 더 이상 생명을 책임지고 싶지 않아. 둘이 아픈 걸로도 충분해."
남편과 아이의 강아지 입양 제안을 단칼에 거절했다. 이미 아픈 남편과 어린 아들을 돌보는 것만으로도 벅찼다. 강아지를 데려오면 그 생명까지 내가 책임져야 한다는 생각에, 외면하고 싶었다.
하지만 남편과 아이는 포기하지 않았다. 둘은 함께 강아지 훈련 영상을 꾸준히 보며, 강아지를 키울 때 주의할 점과 필요한 준비물을 미리 찾아보고 공부했다. 그런 모습을 지켜보는 동안, 나 또한 조금씩 마음을 열었다.

"완벽하지 않아도 괜찮다."

그 사실을 조금씩 받아들이는 데 1년의 시간이 걸렸다. 결국 우리는 유기견 보호소에서 강아지를 입양했다.

강아지를 데리고 산책하러 나가는 아침, 강아지가 제일 좋아하는 집 근처 공원으로 향한다. 오래된 나무들이 많아 새소리가 자주 들리는 공원이다. 나무에서 나는 향긋한 냄새와 함께, 조용한 공원 안에 들리는 소리는 강아지와 내 발소리뿐이다.

온몸에 힘을 줄 필요가 없다. 힘을 빼니 걸음걸이가 한결 가볍고 자유롭다. 문득 수영장에 갔던 기억이 떠오른다. 물에 빠질까 두려워 힘을 더 주기만 했던 나 자신이 생각난다. 몸에 힘을 빼고 온전히 즐겼으면 어땠을까. 새소리와 나무 냄새를 온몸으로 즐기는 지금처럼 말이다.

작가노트 | 박순희

    어떤 내용을 적어야 할까? 고민이 된다. 다시 떠올리니 감정이 올라온다. 두려움, 답답함, 원망, 힘겨움 등.

    이 마음들을 어떻게 드러내야 할까. 절제해서 쓰면 흐름이 이어지지 않는 것 같고, 감정이 흘러넘치면 제 글에 취한 것 같다. 적당히가 어렵다.

    완벽함을 원했던 인간은 완벽할 수 없다는 사실을 깨닫고 그때서야 화해할 수 있었다.

    '아, 너도 어쩔 수 없었구나. 그때의 너는 최선을 다했구나.'

    타인이 아닌 자신을 미워하고 있었다.

    비로소 맞잡게 된 두 손. 그때부터 조금씩 나아갔다.

    고전의 인물들과 만나러 지금도 고전을 손에 잡고 읽는다. 그 안의 사람들과 대화하며 한계가 있음이 당연함을 알아차린다. 그리고 편안해진다.

박호숙

넉넉한 대지를 품은 고창군 상하가 고향이다.
유년 시절 산과 들판에서 뛰어놀고 구시포에서 조개 캐던 추억이
삶의 원동력이다. 초등학교 졸업 후 사회생활을 시작했고
34살에 기어이 대학생이 되었다.
대구의 특수학교에서 근무한 지 24년 차.
아이들과 일상을 공유하며, 글쓰기를 좋아하는 아이들과
책 쓰기를 약속하고 먼저 책 한 권을 냈다.
글을 쓰며 마음이 비워지고 다시 채워지는 경험 후 틈틈이 글을 쓴다.
겁도 많고 호기심도 많다. 해야 할 일과 하고 싶은 일을 하기 위해
용기 내서 도전하며 삶을 가꿔나간다.

저　서 :『장애의 또 다른 이름, 조금 다른 행복』
블로그 : https://blog.naver.com/ho5p
인스타 : pyeongsooni
이메일 : ho5p@naver.com

첫 문장에 담긴 설렘

　시, 플롯, 이야기.
　아리스토텔레스의 『시학』을 읽고 난 뒤 메모지에 남긴 단어들이다.
　기원전 335년경에 쓰인 시학은 시의 본질과 원리를 제시한다. 글쓰기에 관심을 가지며 길잡이 책 몇 권을 읽었다. 같은 맥락에서 아리스토텔레스의 『시학』을 읽었다. 고전이라는 생각에 처음 책을 펼쳤을 때는 왠지 모를 중압감에 머뭇거렸지만, 고대 철학자의 시 쓰기에 관한 글을 읽는다는 생각에 마음이 들떴다.
　'마음에 각인되는 완벽한 이야기 구성의 기술.' 책 표지

글은 들뜬 나를 완전히 사로잡았다.

3년 전부터 생각학교ASK에서 고전을 읽고 있다. 여럿이 함께 읽고 토론하며, 이해하기 어려운 고전 세계를 조금씩 탐험해 나간다. 점점 고전 읽는 재미에 빠져들고 있다. 나는 『시학』을 두 번 읽고, 토론에 참여했다. 토론 시간은 잘못된 이해를 바로잡고, 사유하고 성찰하며 통찰로 이어지는 과정을 선물한다. 함께 읽는 이들이 있어서 『시학』을 끝까지 읽을 수 있었다.

책을 덮고 나니 한편으론 이런 생각이 스쳤다.

"2천 년도 더 된 시간이 한 권의 책으로 내 앞에 있는데, 이 모든 것을 단지 '문명'이라는 한 단어로 끝내고 마는 내 어휘력은 너무도 부족하지 않은가?"

고전이 품고 있는 시간과 깊이를 떠올릴수록, 턱없이 부족해 보이는 나의 언어가 부끄럽기도 하다. 하지만 그 부족함이 오히려 더 많이 읽고, 더 깊이 사유하도록 나를 이끈다. 고전은 이렇게 내 삶의 언어를 조금씩 다듬고 가꾸어간다.

> 시는 무엇이고, 갈래는 몇 가지이며, 각 갈래에는 어떠한 특징의 효과가 있는가? 좋은 시가 되려면 플롯

을 어떻게 구성해야 하는가?

- 아리스토텔레스,『아리스토텔레스 시학』, 현대 지성, 2021, 9

『시학』의 첫 문장을 다시 읽고, 시는 무엇인가에 대해 나만의 정의를 내려보고자 했다. 고대 철학자 질문에 답을 찾기 위해 노트 여기저기에 생각이 흐르는 대로 단어를 쓰고 문장을 썼다. 사유의 흔적이 여기저기 흩어졌다. 그것들을 모아 다시 문장으로 옮겼다. 묻는다. 시는 무엇인가? 대답한다.

"시는 지나온 삶의 흔적이며 다가올 삶을 창조하는 이야기이다."

찬찬히 되새기며 읽으니 가슴이 벅차다. 위대한 철학자 아리스토텔레스의 질문에 한 문장 써 놓고 이렇게 설레다니. 처음은 언제나 설레는가 보다. 고전은 어렵다고만 생각했는데 저 끝의 곁자리에 내 생각을 담아보다니.

곧 두 번째 문장을 쓸 수 있지 않을까. 생각만으로 기대되고 설렌다.

문장 쓰기 시작은 아주 오래전 필사에서 시작됐다. 스무 살 무렵, 시집 한 권을 샀다. 그 안에는 삶의 지침서처럼 마음에 새길 구절들이 가득했다. 지금도 선명히 기억나는 시는 푸시킨의 「삶이 그대를 속일지라도」다.

"절망의 날을 참고 견디면 기쁨의 날 반드시 찾아오리라"

이 구절이 마음에 닿는 순간, 꼭 그렇게 될 것 같은 희망이 피어났다. 나는 작은 수첩에 시를 필사해 가방에 넣어 다녔다. 수첩을 꺼내 외우거나, 빈 종이에 다시 써보며 '기쁨의 날은 반드시 올 것'이라는 상상을 했다.

당시 내가 일하던 곳은 장난감 회사였다. 상자를 접거나, 스티커를 붙이고, 나사를 꽂아 조립하는 일이 주된 업무였다. 간혹 일하는 현장에서 2층 사무실에 갈 일이 있었다. 사무실은 깨끗했다. 깔끔하게 정리된 개인 책상이 유독 눈에 띄었다. 사무실에서 근무하는 사람이 부러웠다. '나도 저렇게 사무실에서 일하고 싶다.'

기쁨의 날은 왔다. 비록 시간은 많이 지났지만, 나는 지금 특수학교에서 근무한다.

옷장 서랍을 정리하다 색바랜 노트에서 오래전 메모를 발견했다. 어떤 날에는 고민과 번뇌가, 또 어떤 날에는 꿈과 용기가 빼곡하다. 여기저기 흩어져 있는 메모들을 줄 세워 보니, 삶의 이력서 같다.

'나는 저렇게 해서 지금 여기에 머물고 있구나.' 생각했다.

삶은 지나온 길 곳곳에 이야기를 흔적으로 남긴다. 어떤 이야기는 새로운 것들에 밀려 사라지기도 하지만 어떤 이야기는 중첩되어 '나'를 만들어 간다. 이야기는 힘이 있다.

시집을 곁에 두었던 나는 이제 3개월마다 흰머리를 염색하는 중년이 되었다. 그리고 일상 행복을 기록하는 글 쓰는 작가의 삶을 꿈꾸고 있다. 글을 쓰겠다고 마음먹은 이후, 관련된 책을 읽고 있다. 책에서 만난 저자들은 한목소리로 이렇게 말한다.

"쉽고 짧게 쓰세요. 능동태를 사용하세요. 아무것도 더 떼어낼 것이 없을 때까지 퇴고하세요. 그리고 독서 하세요."

그들의 말을 글 안에 제대로 담아내려면 큰 노력과 시간이 필요할 것이다. 그 길을 걷고 싶다. 삶을 기록하는.

시인의 소임은 이미 일어난 일이 아니라, 앞으로 일어날 수 있는 일, 즉 개연성이나 필연성에 따라 앞으로 일어날 수 있는 일을 말하는 것이다.

> 역사가와 시인의 차이는 역사가는 이미 일어난 일을 말하고 시인은 앞으로 일어날 수 있는 일을 말한

다는 데 있다.

- 아리스토텔레스, 『아리스토텔레스 시학』, 현대 지성, 2021, 35

    아리스토텔레스가 말하는 플롯의 개연성에 관한 이야기다. 그의 말을 떠올리며 문득 생각해 본다. 스무 살에 시를 읽고 필사하고 메모하며 책을 읽은 사실과 60의 나이에 작가의 꿈을 키우는 것 사이에는 개연성이 있을까? 아니면 필연성이었을까?

    어릴 적 햇살 가득한 마루에 누워, 하늘과 먼 산을 하염없이 바라보다 꿈속으로 빠져들던 그 시절로부터 개연성은 이미 시작되었을까?

    시와 여행, 햇살.

    스무 살을 지나면서부터 좋아하게 된 단어들이다.

    좋아하게 된 순서를 따져본다. 햇살이 가장 오래되었고, 다음이 여행, 그리고 시다.

    햇살에 대한 애정은 어린 시절 추억에서 시작되었다. 마루에 가득 내리쬐던 햇살은 나를 하늘과 먼 산으로 이끌곤 했다.

    여행은 스무 살을 지나면서 좋아했다. 그렇지만 자주 떠나지는 못했다.

어느 날부터, 시집을 가까이 두었다. 작은 핸드백 안에는 늘 시집 한 권 넣고 다녔다. 사실 시를 읽을 생각이었지만, 가방을 열었을 때 시집 보이는 모습이 그럴듯하게 멋스럽게 보일 것 같았기 때문이다. 대상 없는 막연한 그리움이 찾아들거나, 미래에 대한 불안이 엄습할 때면 시집을 펼쳤다. 시인은 내 마음을 다 아는 듯했다.

고향 집 마당은 언제나 하늘이 가득 들어차 있었다. 마루에 앉아 있으면 햇살이 온몸을 감싸안았다. 동네 집들은 모두 단층이라 시야를 가로막는 방해물도 없었다. 대문은 오래되어 군데군데 초록색 자국만 흐릿하게 남아 있었다. 조금만 밀어도 금방 삐걱거리는 소리가 들릴 것만 같았다. 대문 너머로는 먼 산자락까지 논과 밭이 끝없이 펼쳐져 있었다.

초등학교 시절, 학교를 마치고 집에 돌아오면 늘 집에는 아무도 없었다. 부모님은 들에 나가셨고, 어둠이 땅에 깔릴 때쯤에야 돌아오셨다. 나는 책보자기를 내려놓고 따뜻한 마루에 덜렁 드러누웠다. 오전 내내 햇살을 품었던 마루는 마치 이불처럼 포근했다.

누워서 하늘을 바라보면 끝이 어딜까 늘 궁금했다. 구

름이 많은 날은 더 좋았다. 구름 모양을 보며 이것저것 닮은 사물을 떠올리느라 시간 가는 줄 몰랐다. 자세를 바꿔 옆으로 돌아누우면 열린 대문 너머 멀리 보이는 산자락과 논밭이 눈에 들어왔다. 비스듬히 내려오는 논두렁을 세다가 나도 모르게 잠에 빠지곤 했다.

"좋아하는 게 뭐예요?"

"음, 시, 여행, 햇살, 책 읽기, 글쓰기?"

학생들이 내 대답을 듣고는 "책 읽는 걸 어떻게 좋아할 수 있느냐?"며 책상 위를 주먹으로 쿵쿵 쳤다. 나는 그저 미소를 지었다. 책 읽고 글 쓰는 게 정말 좋다.

시, 여행, 햇살, 책, 글.
입안에서 말을 가만히 굴려본다.
참 좋다.

퇴근 후의 일상은 대부분 반복된다. 걸어서 집에 돌아와 저녁을 준비한다. 퇴근이 늦은 남편이 돌아오기 전까지 책을 읽고, 저녁을 먹은 후에는 글을 쓴다.

어릴 적부터 책 읽기를 좋아했다. 그렇다고 책벌레라고 불릴 만큼은 아니었지만, 힘든 시기에도 책을 손에서 완전히 내려놓지는 않았다. 그러다 보니 조금씩 읽는 시간이 늘어났다.

　인생 전환점마다 나를 이끈 멘토 같은 책이 있었다. 20대에 전혜린의 『그리고 아무말도 없었다』를 읽었다. 책 속에 담긴 단어들은 현실에서 상상할 수 없는 새로운 세상을 열어주었다.

대학, 잔디밭, 독일, 뮌헨 대학.

　그 단어들이 내 마음에 깊이 새겨졌다. 그리고 서른넷, 나는 대학생이 되었다.

　"시는 지나온 삶의 흔적이며 다가올 삶을 창조하는 이야기이다."

　『시학』 첫 문장에 대한 답을 찾으며, 나는 글을 쓰려는 이유를 깨달았다. 오늘 쓰는 나의 이야기는 곧 미래의 내 삶이 된다.

　"미래를 쓴다는 것, 얼마나 설레는 일인가."

　삶의 이야기는 언제나 우리가 소망하는 방향으로 흘러간다.

작가노트 | 박호숙

아리스토텔레스의 『시학』 첫 문장을 읽다가 내가 하고 싶은 일에 대한 답을 찾았다. 그 순간의 설렘이 앞으로 나를 일으켜 세울 것이다.

시학을 두 번 읽고 서평을 쓰고 토론했다. 아리스토텔레스의 『시학』을 바탕으로 글을 쓰려고 선정한 이유다. 온전히 재독 했다는 것. 하여 잘 쓸 수 있을 것 같았다.

착각이었다. 막상 시작하니 전체 내용을 완전히 이해하지 못하고 있다는 생각에 자꾸 망설여졌다.

다시 읽었다. 퇴고하다 멈춰 또다시 읽었다. 이제는 욕심이 생긴다. 한 번 더 읽고 시간이 더 주어진다면 더 그럴듯한 글이 되지 않을까. 다시 또 착각이다.

마지막 글을 마치며 첫 문장에서 설렜던 마음과 글을 쓰면서 서성이던 시간, 그리고 한 번 더 읽고 싶은 마음. 이것이야말로 아리스토텔레스가 말한 플롯의 개연성일까? 생각해 본다.

When life gives you lemons, make lemonade.

안소현

18년차 중학교 영어교사.
매일 새벽 기상을 하며 고전 읽기와 글쓰기를 실천하고 있습니다.
교사로서, 엄마로서 흔들릴 때마다 읽고 쓰는 일이 큰 힘이 되었습니다.
나를 사랑하는 일이 타인을 사랑하는 일보다 먼저여야 함을 알게 되었습니다.

두 가지 꿈이 있습니다.
하나는 학교 아이들에게 읽고 쓰는 기쁨을 알리는 것이고,
다른 하나는 타인을 위로하는 따뜻한 글을 쓰는 것입니다.

공　저 :『이기적으로 나를 만나는 시간』
이메일 : sotting@naver.com
블로그 : https://blog.naver.com/sotting

고전, 왜소한 나를 사랑하는 방법

　　서른 둘, 옆 반 국어 선생님과 나는 동갑내기였다. 둘다 결혼한 지 얼마 되지 않은 신혼이었고, 교직 경력 5년 남짓이었다. 어촌의 작은 시골 학교에서 근무하다 원주로 넘어온 첫해, '교실 붕괴'를 경험했다.

　　종이 울려도 아이들은 자리에 앉지 않았다. 연신 돌아다니는가 하면, 겨우 자리에 앉혀 놓아도 교사의 말을 듣기는커녕 수업을 방해하고 나동을 부렸다. 45분 수업을 마치고 나오면 온몸이 땀으로 흥건했다.

　　반면 국어 선생님의 수업은 놀랍도록 조용했다. 교실에

서 그녀의 쩌렁쩌렁한 목소리만 흘러나왔다. 그녀는 아이들을 휘어잡으면서도 재치있는 농담으로 웃음소리를 끌어냈다. 같은 나이, 같은 경력에 왜 나는 그녀처럼 아이들을 이끌지 못할까. 자괴감이 밀려왔다. 복도에서 마주치면 본체만체 지나가던 아이들도 국어 선생님을 보면 90도로 허리 숙여 정중히 인사했다.

'나는 교사로서 자질이 없는 걸까?'

다른 사람과 나를 비교할수록 자신감은 바닥을 쳤다.

방학마다 서울과 대전을 오가며 수업과 학급 운영에 관한 연수를 들었다. 매일 저녁, 교과서를 펼치고 머리를 싸매며 수업 준비에 매달렸다. 다양한 활동과 기술을 배우고 익혔지만, 아이들을 유연하게 이끌고 마음을 사로잡는 법은 배우지 못했다. 재밌으면서도 카리스마 있는 교사는 타고나는 것 같았다. 아무리 노력해도 이룰 수 없는 꿈이었다.

그러던 어느 날, 부러움의 대상이던 국어 선생님이 이렇게 말했다.

"샘, 나는 가르치는 일이 너무 재미없어요. 나중에 다른 일을 하고 싶어요."

의아했다. 그녀에게는 교사라는 직업이 딱 맞아보였다. 반면 나는 매일 진땀을 빼고 허둥대면서도 교사라는 직업이 운명처럼 느껴졌다.

'어떻게든 좋은 선생님이 되고 싶다.'

그 열망 하나로 하루하루를 버텼다.

> 인간이 위대하다는 것은 그가 다리일 뿐 어떤 목적이 아니라는 점에 있다. 인간이 사랑스러운 점은 그가 건너가는 존재이자 몰락하는 존재이기 때문이다.
> - 니체, 『차라투스트라는 이렇게 말했다』, 페이지2, 2024, 21

처음 교단에 섰을 때부터 마음에 깊이 새겨진 기억이 하나 있다. 고등학교 3학년 때였다. 매일 아침 7시 30분이면 담임선생님이 지휘봉으로 교실 앞문을 탕탕 두드리며 들어오셨다.

"잘 잤어?"

"에구, 우리 선영이는 오늘도 잠에 취해 있구먼!"

선생님은 웃음기 가득한 얼굴과 유쾌한 텐션으로, 마치 젖은 수건처럼 처져있는 우리를 깨우셨다. 선생님의 농담과 친근한 인사를 듣다 보면 '그래, 오늘도 잘 지내야지.' 그런 힘이 다시 솟아났다.

나는 중학교까지 전교 순위에 들며 우등생 소리를 듣던 아이였다. 하지만 고등학교에 들어와 성적이 한없이 떨어졌다. 몸도 마음도 요동쳤다. 하루 종일 첫사랑 수학 선생님을 쫓아다니고 수시로 두통에 시달렸다. 지독한 사춘기였다.

고3 첫 모의고사 날, 국어 영역 시험지를 들여다보는데 글씨가 잘 보이지 않았다. 긴장한 탓인지 눈앞이 뿌옇게 흐려지고 글자가 조각조각 흩어졌다. 숨이 막힐 것 같아 교실을 뛰쳐나갔다. 운동장 앞 벤치에 앉아 한 시간 내내 멍하니 은행나무만 바라보고 있었다. 그때 담임선생님이 뛰어오셨다.

아무 말도 못 하고 울기만 하는 나에게 선생님은 두루마리 휴지를 한 움큼 건네주셨다. 아무리 힘들어도 시험은 봐야 한다든지, 마음이 힘들면 이렇게 해야 한다는 조언은 하지 않으셨다. 울음이 잦아들고, 진정될 때까지 그저 옆에서 조용히 기다려주셨다. 그날 선생님에게 받은 위로는 말로 표현할 수 없을 만큼 크고 따뜻했다.

매년 아이들과의 만남과 이별을 반복한다. 평생 친구로 남고 싶은 제자도 있었고, 얼굴 보기 두려운 제자도 있었다. 오랫동안 나는 아이들을 내가 생각하는 '좋은 방향'

으로 바꿔야 한다고 생각했다. 변화가 없으면 모든 것이 나의 역량 부족 때문이라고 생각했다. 그렇게 아이들과의 만남에 실패할 때마다 나 자신을 탓하며, 점차 교사로서 자신감을 잃어갔다. 언제부턴가 아이들의 눈치를 보고, 그들의 비위를 맞추는 나약한 교사가 되어버렸다.

> 모든 위대한 사랑은 모든 동정심을 넘어서 있다. 위대한 사랑은 자신이 사랑하는 것도 창조하려 하기 때문이다! 창조하는 자들은 모두 냉혹하다.
> - 니체, 『차라투스트라는 이렇게 말했다』, 페이지2, 2024, 178

니체의 『차라투스트라는 이렇게 말했다』를 읽던 중, '위대한 사랑은 자신이 사랑하는 것도 창조한다'라는 말이 뜨겁게 가슴을 두드렸다. '창조하는 자들은 모두 냉혹하다'는 문장을 읽으며, 부끄러운 나의 모습이 떠올랐다. 아이들 앞에서, 동료들 앞에서 착한 척 연기하느라 어깨를 움츠리고 눈을 맞추지 못했던 순간들.

나를 사랑하지 못해서, 결국 아이들 또한 온전히 사랑하지 못했다는 사실이 세찬 강풍처럼 머리를 뒤흔들었다. 마치 니체가 나를 향해 큰 소리로 외치는 것 같았다. 그의 모든 차가운 잠언들이 나약한 현재의 나를 몰락시키고, 새롭게 태어나라고 명령하고 있었다.

『차라투스트라는 이렇게 말했다』는 니체의 철학책으로, 시적인 문체와 강렬한 문장들로 가득 차 있다. 차라투스트라는 서른 살에 높은 산으로 들어가 고독 속에서 깨우침을 얻는다. 그는 다시 사람들에게 돌아와 '초인'의 가치를 알리기 위해 노력한다. 그가 말하는 진정한 선과 용기, 초인의 면모는 기존의 가치관을 가차 없이 뒤엎는다.

"어려움에 처한 사람을 돕기 위해 동정심을 베푸는 것은 오히려 그 자를 돕는 것이 아니라 부끄럽게 만드는 것이다."라는 말은 '선'의 진정한 의미를 깊이 고민하게 만들었다. 마흔이 넘도록 선한 사람이 되고자 애썼던 나의 어리석은 모습들이 떠올라 부끄러웠다.

> 그대들의 동정심이 아니라 그대들의 용맹함이 지금까지 불의에 처한 자들을 구해냈던 것이다. "선이란 무엇인가?"라고 그대들이 묻는다. 용감한 것이 선이다.
>
> - 니체, 『차라투스트라는 이렇게 말했다』, 페이지2, 2024, 89

용감한 것이 선이라는 사실을 몰랐다. 내 의견을 명확하게 표현하거나, 마음속에서 바라는 것들을 그대로 살아내는 것은 이기적인 일이라 생각했다. 부모님의 기대, 주변 사람들이 원하는 모습대로 살아가는 것이 선한 삶이라고 믿었다. 하지만 돌이켜보면, 나는 아빠의 반대를 무릅쓰고 사립대 영문과에 진학했고, 엄마의 반대에도 불구하고 지금의 남편과 결혼했다. 그 선택들이 지금의 나를 만들었고, 나의 가정과 꿈을 일궈냈다. 무엇보다, 내 안의 목소리에 귀를 기울였던 순간, 삶은 더 자유로워지고 확장되었다.

니체가 말하는 '용기'는 나답게, 나를 사랑하며 사는 일이었다. 고전 속 문장들을 읽고 사유하며, 일상은 조금씩 힘을 얻기 시작했다. 교실을 향하는 발걸음이 예전보다 가벼워졌고, 아이들을 향한 목소리가 더 밝아졌다. 아이들 앞에서 가면을 벗고, 온전한 나로 설 수 있는 용기가 조금씩 솟아나고 있다.

코로나 시기에 생각학교ASK에 들어오면서 고전 읽기와 토론, 글쓰기를 시작했다. 고전 속에서 삶의 해답을 찾는 과정은 힘들지만 행복했다. 혼자서는 이해할 수 없던 문장들이 토론을 통해 아름다운 진리로 거듭났다. 토해내듯 쓰는 일기에서 시작해, 책을 읽고 사유한 것을 적기도 하고, 일상의 순간에 머물며 소중한 장면을 글로 담기도 했다. 고전 읽기와 글쓰기를 통해, 흔들리면서도 앞으로 나아가는 법을 배우고 있다.

> 언젠가 나는 가장 위대한 인간과 가장 왜소한 인간의 벌거벗은 모습을 본 적이 있다. 둘은 너무나 비슷했고, 가장 위대한 인간조차도 너무나 인간적이었다! "아, 인간은 영원히 회귀한다! 왜소한 인간도 영원히 회귀한다!"
>
> - 니체, 『차라투스트라는 이렇게 말했다』, 페이지2, 2024, 449

'좋은 선생님'이란 목표는 학교를 떠나는 순간까지 완벽하게 이룰 수 없는 꿈일지도 모른다. 매일 감정이 요동치고, 크고 작은 실수를 반복하는 나는 불완전한 인간이기 때문이다. 고등학교 3학년 담임선생님이 아직도 마음에 남아 힘을 주시는 이유는, 우리 앞에서 완벽한 척하지 않으셨기 때문이다. 이웃집 아저씨처럼, 때로는 실수투성이 친구처럼 우리에게 있는 그대로의 모습을 보여주셨다.

때로는 아이들을 사랑하기 때문에 버럭 화를 낼 수도 있고, 울음을 터뜨릴 수도 있는, 그런 왜소하지만 인간다운 모습으로 교단에 서고 싶다.

아이들을 더 나은 어른으로 창조하기 위해 용기 내어 명령하고 행동했다면, 그것만으로 충분하다. 그 위험하고 차가운 길을 고전과 함께 걸어갈 수 있어 감사하다. 고전 속 문장은 왜소한 나를 있는 그대로 사랑할 수 있는 힘을 준다.

니체는 말했다.

"인간이 위대하다는 것은 그가 다리일 뿐 어떤 목적이 아니라는 점에 있다."

흔들릴 때마다 그의 문장을 다시 읊조린다. 그리고 다시 나를 사랑할 힘을 얻는다.

작가노트 | 안소현

  20대 초반, 가슴에 구멍이 뚫린 것처럼 시리고 공허했다. 사람도, 꿈도, 기댈 데 없는 칠흑 같은 밤이었다. 동아리 방 노트에 낙서 같은 글을 끄적이며 공허함을 채우려고 애를 썼다.

  30대 초반, 사회 초년생 생활에 정신없이 휘둘렸다. 모든 걸 내려놓고 아무도 찾을 수 없는 곳으로 숨고 싶었다. 손에 잡히는 대로 자기 계발서를 읽으며 버텼다. 버티고 무너지기를 반복하는 나날이었다.

  40세가 넘어도 삶의 고통은 멈추지 않았다. 매번 부족한 자신의 모습에 실망하고 좌절한다. 힘든 순간 고전을 펼친다. 방황하고, 후회하고 그럼에도 살아내는 주인공들을 만난다. 삶은 고통이고, 그렇기에 아름답다는 사실을 기억한다.

  고전 속 문장을 만나고, 문장 하나를 붙잡아 글을 쓰고, 그렇게 하루를 살아내는 일이 행복하다. 순간을 후회 없이 살아가는 비밀이 바로 고전 안에 있었다.

*When life gives you lemons,
make lemonade.*

김희숙

두 아이가 정신적, 경제적 독립을 기도하는 엄마입니다.
남편과 같은 편이라고 착각하며 살고 있습니다.
생계를 위해 직장도 다닙니다.
커다란 허들 50개를 넘었고 앞으로 더 많은 허들을 넘을 예정입니다.
책과 글쓰기가 동력입니다.
언제나 사람 속에서 에너지를 주고받으며 살아가려 합니다.
어른다운 어른이 꿈입니다.

이메일 : hiskim@hanmail.net

꿈의 향연

요정들의 여왕 티타니아를 사랑하는 요정들의 왕 오베론은 질투로 인해 바텀에게 기묘한 꿈을 안겨준다. 바텀은 당나귀의 머리를 쓰고, 무슨 꿈인지 알 수 없는 꿈을 꾸고 혼란스러운 상태로 깨어난다. 그 꿈이 여왕의 사랑을 받는 황홀한 꿈이 아니어도 상관없다. 바텀에게 중요한 것은 단지 꿈꾸는 순간의 행복이었다.

> 바텀 : 내 차례가 오거든 큐 사인을 해, 그러면 내가 답을 할 테니까.
>
> - 셰익스피어, 『한여름 밤의 꿈』, 아침이슬, 2010, 96

남편이 자고 있다. 4박 5일간의 장기 출장을 마치고 어젯밤 집에 돌아왔다. 커다란 가방에는 옷가지뿐만 아니라 깊은 피로까지 담겨 있었다. 토요일 아침, 따뜻한 햇살과 바람이 남편의 잠을 방해할까 서둘러 커튼을 닫았다. 남편의 들숨에는 휴일의 여유가, 날숨에는 출장의 고단함이 묻어 있다.

'남편 눈에 어떤 마법의 묘약을 발라주면 좋을까?'

혼자 상상하다 피식 웃음이 터졌다. 살며시 방문을 닫고 나온다.

아이들도 늦잠을 잔다. 아들 방에서 뒤척이는 소리가 들리자, 나는 부엌으로 향해 아침을 준비한다. 밥솥에 밥을 안치고, 돼지고기를 넣어 김치찌개를 끓인다. 집안 곳곳에 생기가 감도는 기분이다. 딸 방은 여전히 조용하다. 뒤척임도 없이 깊은 잠에 빠져 있다. 밥솥은 제 할 일을 마쳤고, 김치찌개도 누군가 먹어주길 기다리고 있지만, 어느 방문도 열릴 기미가 없다.

나를 위한 밥상을 차린다. 따뜻한 밥과 김치찌개, 몇 가지 나물 반찬을 가지런히 놓고 식탁에 앉는다. 분주함이 없는 토요일 아침, 밥알의 질감과 찌개 국물의 따뜻함을 온전히 느낀다. 혼자 즐기는 소박한 만찬. 이제 커피와 책이 함께하는 성찬의 차례다. 김치찌개처럼 빨간색 책 표지를 넘기며, 네 남녀의 사랑이 어떤 색일지 상상해 본다. 마법의 묘약 같은 커피 향기에 이끌려 숲속 정원 같은 이야기 속으로 들어가려는 순간, 안방 문이 벌컥 열렸다.

휘청휘청 화장실로 향하는 남편의 구부정한 등 뒤로 배고픔의 신호가 스쳐 지나간다. 새로운 막이 열린다. 책과 커피잔이 놓였던 자리는 순식간에 밥과 찌개로 다시 채워진다. 시골에서 올라온 들기름을 코팅한 계란 프라이가 더해져 식탁엔 고소한 향기가 퍼진다.

남편은 반쯤 감은 눈으로 밥을 맛있게 먹고, 책 옆에 있던 커피잔을 들고 방으로 퇴장한다. 그 모습이 남편의 독무대였는지, 아니면 나와 함께하는 장면이어야 했는지 혼란스러워진다.

'잠자던 남편의 눈에 마법의 묘약을 발랐어야 했는데.'

남편은 안방에서, 아이들은 각자 방에서 시간을 보내고 있다. 안방에서는 남편이 낮잠을 즐기고 있다. 까만 머리카락보다 흰 머리카락이 더 많이 눈에 띄는 그의 모습이 문득 낯설다. 얼마 전까지만 해도 염색을 했었지만, 이제는 자연스럽게 흰 머리를 두기로 했다. 염색보다 머리숱에 더 민감해진 그는 염색약 대신 발모제를 발라야 하나 고민하기도 한다. 남편은 추운지 잔뜩 웅크리고 잔다. 살며시 이불을 덮어주고 방을 나서며, 요정들의 왕 오베론이 퍽에게 부탁했던 사랑의 묘약을 남편의 눈에 바르는 상상을 해 본다. 혼자 웃는다.

'바텀 역할은 누굴까? 당나귀 머리는 어디서 구하지?'

꼬리에 꼬리를 무는 상상력을 자제하며 문을 닫는다.

셰익스피어의 『한여름 밤의 꿈』은 아테네의 테세우스 궁정에서 시작된다. 테세우스와 히폴리타의 결혼식 준비가 한창이지만, 그곳에는 축복받지 못한 사랑도 함께한다. 헤르미아는 아버지가 정해준 데메트리우스를 사랑하지 않는다. 그녀의 사랑은 리산더. 헤르미아의 절친 헬레나는 데메트리우스를 사랑하지만, 데메트리우스의 마음은 헬레나에게 닿지 않는다. 다른 곳을 향하는 사랑도, 방해꾼이 가로막는 사랑도 모두 그곳에 있다.

> 단순함과 의무감이 보살피면 그 어떤 것도 잘못될 리 없지.
>
> - 셰익스피어, 『한여름 밤의 꿈』, 아침이슬, 2010, 104

점심을 준비한다. 냉장고 야채칸을 뒤적여 각종 채소를 꺼내 찜솥에 넣고 쪄낸다. 커다란 볼에 밥과 야채를 넣고, 비빔장을 한 스푼 덜어 식탁 위에 올린다. 남편을 깨우고, 아들과 딸을 불러 함께 쓱쓱 비벼 입에 가득 넣는다. 준비에 걸린 시간만큼 식탁에 오래 앉아 식사 하면 좋으련만, 만찬은 언제나 짧게 끝난다. 사랑의 묘약으로 밥을 했는데 약효는 없는 걸까. 모두가 강적들이다. 식사가 끝나자 가족들은 각자의 방으로 흩어진다. 다행히 아들만 다시 등장해 설거지를 시작한다. 눈치가 빠른 아들이 있어 얼마나 다행인지 모른다.

　열린 창문으로 불어오는 바람에 이끌려 베란다로 나간다. 바다 같은 하늘이 반긴다. 폭염을 견뎌낸 화분들이 새 단장을 기다리고 있다. 몇 개의 화분을 분갈이해주고 물도 주며, 화분들을 깨끗이 씻는다. 흙냄새가 스며드는 오후다. 깔끔한 베란다와 새 단장을 마친 화분들을 보여주려고 남편을 부른다. 하지만 남편은 소식이 없고, 아들과 딸은 무슨 차이가 있냐며 시큰둥하다. 그래, 관심 있는 사람만 느끼는 법이다.
　유난히 기운 없어 보이는 작은 화분 하나를 들고 안방으로 들어간다. 남편에게 조언을 구하려 하지만, 남편은 화분보다 더 기운 없이 낮잠 중이다. 결국 사랑의 묘약보다 강력한 외침으로 남편을 깨우고, 화분을 그의 손에 넘긴다. 그런데 화분이 더 불쌍해 보인다. 다시 화분을 들고 나와 생각한다. 남편에게 확실히 효과가 있는 묘약을 준비해야겠다.

어김없이 돌아온 저녁 시간, 아이들도 외출하지 않고 집에 있다. 가족이 먹을 저녁을 함께 준비한다. 망설임 없이 저녁은 삼겹살이다. 아들은 고기와 야채를 사 온다. 딸은 부엌 바닥이 흥건해지도록 야채를 씻는다. 남편은 식탁에 불판을 준비하며 분주하다. 온 가족이 마치 축제를 준비하듯 들떠 있다.

지글지글 구워지는 삼겹살 위로 조잘거리는 딸의 목소리가 화음을 더한다. 아들은 최근 듣는 음악이라며 휴대폰을 켠다. 난해하지만 활기찬 비트의 음악이 배경을 채운다. 네 식구가 '건강을 위하여!'를 외치며 건배한다. 축제가 무르익는다.

일요일은 토요일과 같은 하루를 보낼 수 없다는 마음으로 외출 계획을 세운다. 1시간 거리에서 열리는 국화 축제를 목표로, 아침 일찍 출발해 오후쯤 돌아오는 일정을 정한다. 일요일 새벽 6시, 비몽사몽인 가족들을 차에 태우고 출발한다. 아이들은 뒷좌석에 잠들어 있고, 남편은 조수석에서 고개를 떨군 채 깊은 꿈속이다.

사랑의 묘약을 스스로 바르고 나선 나의 무대는 계속 이어진다.

작가노트 | 김희숙

 반복되는 일상이 지루하고 힘들어 주변을 기웃거렸습니다. 다른 사람과 비교하고 세상의 기준을 따라가려고 열심히 뛰었습니다.

 모두가 같은 방향으로 뛰어가고 있다는 생각을 하며 잠시 걸어봤습니다. 주변 풍경과 사람이 눈에 들어왔습니다. 멈춰도 보니 더 많은 풍경과 사람이 보였습니다. 각자 자신의 속도로 나아가고 멈추는 사람들이 곁에 있었습니다.

 나름의 속도를 찾기 시작했습니다. 주어진 무대를 즐기려고 노력 중입니다. 내가 주인공이 아니어도 준비된 무대라면 즐겨볼 용기도 내봅니다.

 보여주기 위한 무대보다, 스스로 즐길 수 있는 무대를 만들고 싶은 마음이 어느 날 책과 함께 찾아왔습니다. 책을 동력 삼아 이젠 나를 위한 시간을 만들 계획입니다.

 나의 일상이 무대입니다. 일상의 무대를 오늘도 즐겨봅니다.

When life gives you lemons,
make lemonade.

단무지

인스타그램에서 단무지라는 이름으로 만화를 그리고 있는 2만 팔로워 작가이다.
단무지스튜디오라는 1인 출판사를 운영하며 글쓰기, 디자인, 마케팅 등
모든 활동을 직접 하고 있다. 회사 밖에서 먹고 사는 방법에 대해
고군분투하며 배워가는 중이다.
위로와 공감을 담은 소소한 주제를 통해 독자들의 마음에 울림을 주는
글을 쓰고 싶은 작가이자 크리에이터다.

저서로는 인스타그램 만화를 엮은 만화 에세이집 『단무지의 단순한 마음일기』
와 우울증에 대한 에세이집 『나만 죽고 싶은 줄 알았지』가 있다.

이메일 : danmuzi.toon@gmail.com
인스타 : @danmuzi.toon

커피 한 잔, 그리고 사유의 시간

　알람이 울린다. 몸이 무겁다. 힘겹게 일어나 냉장고 앞으로 간다. 컵에 얼음을 담고 커피를 내린다. 향긋한 커피 향이 공기 중에 퍼진다. 그 순간, 나도 모르게 마음 한구석이 편안해진다. 커피를 내리는 시간부터 한 모금 마시는 순간까지, 이 일련의 과정이 주는 여유로움은, 분주한 일상에서 중요한 것이 무엇인지 생각할 수 있는 틈을 준다.

　나에게 고전의 문장들은 커피와도 같다. 작가의 깊은 철학과 생각이 담긴 에스프레소 같은 짙은 문장들. 그 문장들이 한 모금씩 내 마음에 스며들 때면, 그 울림에 잠시 멈춰서서 생각한다.

'그래, 이런 게 인생이지. 이렇게 살아가야 하는 거지.'

포항의 한 북카페 '슬로어'에 방문했을 때가 떠오른다. 그곳은 다양한 고전 책과 문장들로 꾸며진 엔틱하면서도 푸근한 공간이었다. 수제로 제작한 라이팅박스 앞에 앉아 글을 쓰던 중이었다. 문득, 눈앞의 포스트잇 하나가 시선을 사로잡았다.

> 인간은 노력하는 한, 방황하기 마련이니라.
> - 괴테, 『파우스트』, 열린책들, 2009, 20

멍하니 그 문장 앞에 서 있었다. 분주했던 손짓, 발짓, 그리고 무엇보다 마음이 멈춰 섰다. '인간은 노력하는 한 방황한다…' 한 자 한 자를 곱씹었다. 그 어떤 것으로도 채워지지 않던 마음이 가득 차는 기분이었다. 지금까지의 10여 년의 방황을 작가가 알고 있는 듯했다. 아니, 마치 내 인생의 여정을 함께 걸으며 나의 모든 노력을 다 이해해 주는 것 같았다. 가까운 사람들의 열 마디 칭찬과 응원보다, 이 문장 한 마디가 주는 치유와 힘은 놀랍도록 강력했다.

그리고 다짐했다. 나도 누군가에게 울림을 주는 문장

한 마디를 쓰기 위해 책 한 권을 만드는 사람이 되어야겠다고.

20대의 나는 '꿈'이라는 단어에 미쳐있었다. 일로 자아실현을 하고 싶었다. 이를 위해 내가 가려는 분야에서 탁월한 사람이 되어야 한다고 믿었다. 그때는 몰랐다. 꿈과 목표를 향해 나아가는 것이, 그 푯대를 잡기 위한 노력이 이렇게 힘들고 험난할 줄은.

나는 세상에 선한 메시지를 전달하는 사람이 되기를 꿈꿨다. 그 꿈을 실현하기 위해서는 디자인 능력이 필수라는 생각에 대학에서 디자인을 전공했다. 집안 형편이 넉넉하지 않았기 때문에, 학업과 생활비 마련을 병행해야 했다. 그렇게 디자인을 배우면서, 디자인으로 돈을 벌었다.

그러나 꿈을 향한 길은 쉽지 않았다. 노력에 비해 실력이 늘지 않을 때, 현실의 먹고 사는 문제 때문에 꿈을 향한 걸음이 멈춰있는 듯할 때, 그런 순간 이상하게도 유난히 질문이 많아졌다. 나는 길을 잃고 헤매는, 마치 망망대해에 떠 있는 끈 떨어진 부표 같았다. 막막한 기분이 들었다. 내가 생각하기에 디자인은 선한 메시지를 세상에 전달할 수 있는 훌륭한 도구였다. 그러나 생계를 위해 의미 없는 디자인 작업에 몰두할 때면 그 괴리감으로부터 오는 방황이 무엇보다도 컸다. 그렇게 10여 년간 치열하게 노력하며 맹렬히 방황했다.

그 시간을 지나 만난 괴테의 문장은 나에게 얼마나 큰 위로와 힘이 되었는지 모른다. 혼자만의 고독한 방황이라 느끼며 생긴 마음의 생채기가 그 한 문장으로 단숨에 치료되는 듯했다. 물론 아직도 방황은 끝나지 않았다. 갈등이 심할 때면 모든 것을 내려놓고 싶다는 생각이 하루에도 몇 번씩 밀려온다.

그럼에도 불구하고 여전히 내가 가는 길을 놓지 못하는 나 자신을 볼 때면 스스로를 미련하고 어리석은 사람이라 자책하기도 했다. 그러나 괴테의 문장을 만난 뒤, 생각이 달라졌다. 나의 어리석음이 어쩌면 당연히 그렇게 할 수밖에 없는 행동이었다는 것을 깨달았다.

네 장미가 중요한 존재가 된 건, 네가 장미에게 들인 시간 때문이야.

- 생텍쥐베리, 『어린 왕자』, 더스토리, 2024, 11

나에게 꿈은 어느새 '장미'가 되어 버린 것이다. 꿈을 위해 쏟은 10년이라는 시간은 그 자체로 꿈을 포기할 수 없게 만들었다. 꿈이라는 존재는 이제 나에게 소중한 것이 되었다. 이제는 더 이상 스스로를 어리석다고 자책하지 않는다. 오히려 나는 내 꿈을 소중히 여기는 사람이라고 인정하게 되었다. 수많은 시간이 만들어낸 결실을 이제는 즐겁게 받아들이기로 했다. 예전처럼 힘겹게 꿈을 좇아가던 때와는 다르다. 이제는 이 여정을 조금은 즐길 수 있는 여유가 생겼다.

물론 여전히 노력은 계속될 것이고, 방황도 있을 것이다. 하지만 이제는 예전만큼 흔들리지 않을 자신이 있다. 조금만 고개를 들면, 나를 지지해주고 지탱해주는 고전이라는 친구가 있기 때문이다. 고전은 내 인생에서 늘 절묘하고 정확한 타이밍에 찾아왔다. 책 속 수많은 문장 중 단 한 문장이 기다렸다는 듯이 내 아픔과 절망을 사라지게 한 것이다. 때로는 용기와 희망을 주었고, 삶이 무엇인지, 인생은 어떻게 살아야 하는지에 대한 갈피를 잡을 수 있게 도와주었다.

만약 당신이 지금 인생에서 가장 힘든 시간을 보내고 있다면, 혹은 당신만이 이런 고독을 겪고 있다고 느낀다면, 나는 당신에게 고전을 읽어보라고 권하고 싶다. 책 한 권을 완독하지 않아도 괜찮다. 좋은 고전 문장을 검색해 보거나,

문장집을 사서 한 문장씩 읽어보는 것으로도 충분하다. 그렇게 가볍게 시작하기만 하면 된다.

그저 나에게 위로가 될 수 있는, 내 인생을 알아주는 그 한 문장을 만나기만 한다면. 당신은 이미 수백 년 전, 같은 길을 걸어온 누군가의 후배이자, 친구이자, 함께 걷는 길동무가 될 것이다. 더 이상 혼자 외로워할 필요가 없다. 고전 속의 한 문장이 마치 기다렸다는 듯 당신에게 다가와 손을 잡아줄 테니까.

끝으로, 이 글을 읽는 당신이 행복하길 바라며. 다음 문장을 당신에게 선물한다.

사막이 아름다운 건 우물을 숨기고 있기 때문이야.
- 생텍쥐베리, 『어린 왕자』, 더스토리, 2024, 119

고전을 통해 당신 안의 우물을 찾게 될, 아름다운 당신을 기대하며.

작가노트 | 단무지

    서른에 백수가 된 INFP 디자이너이자, 작가이다. 회사 밖에서 먹고 사는 방법을 연구하며 고군분투 중이다. 조직 안에서의 생존 방법이 있다면, 조직 밖에서도 먹고 사는 방법이 존재한다고 믿는다. 그것은 재능있는 소수의 특권이 아니라, 모두에게 열려 있는, 누구나 배워서 익힐 수 있는 영역이어야 한다는 생각이다.

    10대와 20대에는 '왜 살아야 하는가'라는 질문에 매달렸다. 꿈과 현실을 이분법적으로 생각하며, 그 사이 간극에서 오는 괴리감으로 철저히 고통스러워했다. 어린 시절부터 겪어온 만성 우울증으로 삶의 의지를 갖기 위한 싸움을 계속해 오고 있다. 어린 시절에는 지병으로 일찍 돌아가신 아버지의 부재와 그로 인해 힘겨워하던 어머니의 모습을 지켜보며 가장의 삶이 지닌 무게를 보았다.

    이런 개인적인 어둠을 많은 사람들에게 닿을 수 있는 작품으로 승화시키기 위해, 오늘도 글을 쓰고 그림을 그린다. 가장 개인적인 것이 가장 보편적이라는 믿음으로.

김단비

많은 사람의 성장을 위해 최선을 다하는 라이팅 코치,
아트 코치, 독서 코치로 활동하고 있다.
글쓰기에서는 창의적인 표현을, 예술에서는 감각적인 경험을,
독서에서는 깊이 있는 이해를 도우며 살고 있다.

저서 『필사, 가장 느리게 읽는 독서법』 등
공저 『여자, 에세이를 만날 때』, 『나의 일을 사랑하기로 했다』 등

이메일 : widelyread@naver.com
블로그 : https://blog.naver.com/widelyread
인스타 : https://www.instagram.com/danbie_

폭풍 속에서도 잔잔한 바다를 꿈꾸며

 해가 고개를 숙이고 어둠이 짙게 깔린 밤, 나는 어두운 바다를 바라본다. 수면은 겉보기엔 고요해 보이지만, 그 아래에는 보이지 않는 혼란이 숨어 있다. 격렬한 폭풍이 닥치기 전의 바다는, 한눈에 보기에는 잔잔해 보여도 그 깊은 곳에서는 파도가 솟구칠 준비를 하고 있다.

 저 멀리 보이는 검푸른 구름이 하늘을 서서히 뒤덮어가며, 차갑고 깊은 어둠이 바다를 감싼다. 잔잔한 수면 아래 잠재된 긴장감이 점점 내 몸속을 파고든다. 그 깊고 차가운 물결 속에서 배어 나오는 불안은 어디로 튈지 모를 삶의 불확실함과 닮아 있었다.

코로나19가 전 세계를 덮쳤을 때, 나 역시 이 바다처럼 불안과 혼란 속에 잠겨 있었다. 강한 바람이 불어올 때마다 더 깊은 혼돈 속으로 빠져드는 기분이었다. 그럴 때마다 두려움은 거세게 밀려들었다. 날마다 뉴스를 보며 손톱을 물어뜯고, 공포에 떨었다. 집 밖은 공포 그 자체였다. 매일 회사에 다녀오는 남편을 기다리며, 그가 혹시 코로나 환자와 접촉하지 않기를 간절히 바랐다. 그렇게 나는 스스로를 끝없는 공포 속으로 몰아넣고 있었다.

하지만 나에게 한 가지 안식처가 있었다. 그곳은 바로 책장이었다. 외부 세상과 단절된 이 작은 공간에서, 나는 책을 통해 새로운 세상을 만났다. 불확실한 미래와 불안한 마음을 저 멀리 던져두고 싶어서였을까? 나는 책장을 열고 책 속으로 파고들기를 간절히 바랐다.

책장 저 높은 구석에 꽂혀 먼지가 쌓여 있던 책들을 하나씩 꺼내 읽기 시작했다. 어릴 적 즐겨 읽던 『ANNE』 시리즈(빨간머리 앤), 언젠간 읽겠지 하며 사두었던 책들까지 하나씩 펼쳐 들었다. 그렇게 시간을 보내는 것이 나에게는 다행처럼 느껴졌다. 그러던 중 한 권의 책이 나의 불안을 잠재워 주었다.

책장 사이에서 우연히 발견한 책은 볼테르의 「미크로

메가스」였다. 그것은 내게 하나의 신호처럼 다가왔다. 「미크로메가스」는 작은 별의 거인과 권태를 느끼던 토성인이 함께 태양계를 여행하는 이야기다. 그들은 지구에 도착해 작은 철학자 무리를 발견하고 대화를 나눈다. 흥미롭게도 그들이 남긴 철학책은 완전한 백지였다. 그것은 무의미함이 아니라, 우리가 스스로 써 내려가야 할 '우리의 삶'을 상징하고 있었다.

이 이야기는 나를 깊은 사색으로 이끌었다. '백지'. 그 단어가 나에게 필요한 위로가 되었다. 백지는 내가 어떻게 채워나가느냐에 따라서 명화가 될 수도, 쓰레기가 될 수도 있다. 그 백지가 나의 미래와 겹쳐 보였다. 내가 앞으로 어떻게 이 백지를 채울지 고민하다 보니, 어느새 불안은 저 멀리 사라지고 희망이 내 옆에 다가왔다.

이 책의 뒤편에는 볼테르의 또 다른 소설, 「캉디드」가 함께 실려 있었다. 「캉디드」는 모든 일이 최선의 방향으로 흘러간다고 믿었던 주인공 캉디드가 세상을 떠돌며 마주하는 온갖 고난과 불행의 과정을 담고 있다. 그는 "모든 것이 최선"이라는 낙관적인 신념을 품고 있었지만, 끊임없이 닥쳐오는 불행들 앞에서 그 신념은 조금씩 금이 가기 시작한다. 결국 캉디드는 세상의 혼돈 속에서 우리가 해야 할 일은 '정원'을 가꾸는 것이라는 깨달음을 얻는다. 여행의 끝에서 만난 노인의 이 말은, 마치 코로나의 긴 터널 속에서 헤매던 나를 일깨우는 메아리 같았다.

백지와 정원.

머릿속에 전구가 켜졌다. 이 깨달음은 나에게 분명한 메시지를 전해주었다. 불확실하고 혼란스러운 세상이지만, 그 속에서 우리가 할 수 있는 일은 단순하다. 바로, 우리 자신만의 정원을 가꾸는 것.

세상이 어떻게 변할지 알 수 없는 상황에서도, 그 안에서 자신만의 작은 공간을 책임지고 키워야 한다는 것. 그 고요한 결심은 흉포한 파도가 잦아든 후에 찾아오는 잔잔한 바다의 숨결처럼 내 안에 스며들었다.

코로나로 인해 세상은 멈췄지만, 나는 고전 속에서 새로운 세상을 발견했다. 어두운 시기 속에서 책들은 나의 친구이자 스승이 되어주었다. 비록 다른 땅을 직접 밟지 못하고 여행이 금지되었지만, 책이라는 창을 통해 나는 끝없는 여행을 이어갈 수 있었다.

「미크로메가스」와 「캉디드」처럼, 우리 역시 각자의 인생을 탐험하고 그 길을 스스로 열어가야 한다. 삶이라는 책 속에는 여전히 써 내려가야 할 여백이 가득하다. 그 여백을 무엇으로 채워나갈지는, 결국 우리 손에 달려 있다.

코로나 이전에는 내가 겪는 삶의 어려움들이 마치 외부로부터 찾아온 것처럼 느껴졌다. 그러나 고전을 읽으면서, 인생의 고난과 역경을 헤쳐 나가는 끈기와 의지는 결국 스스로 선택할 수 있는 것임을 깨달았다. 세상의 흐름에 휩쓸리기보다, 내가 할 수 있는 범위 안에서 나의 '정원'을 조금씩, 하지만 꾸준히 가꾸어가는 것이 중요하다는 점에서 깊은 위안을 느꼈다.

책을 필사하고, 느낀 점을 기록하며, 소설을 이어 쓰는 등 다양한 방식으로 책 읽기를 즐겼다. 숨 막히던 시간이 어느새 즐거운 시간으로 바뀌었고, 사색의 즐거움도 깨달았다. 매일 어떤 책을 읽을지 고민하는 일이 작은 행복이 되었고, 집 구석구석에 숨어 있던 책들을 꺼내 읽는 즐거움도 발견했다. 흩어져 있던 책들을 책장으로 불러 모으며, 잊고 있던 추억과 책 속 주인공과의 만남을 통해 하루하루의 소중함을 새삼 느꼈다. 이 모든 과정에서 나는 감사를 배웠다.

초조하고 불안했던 일상은 어느새 나만의 시간으로 변했고, 이 즐거움을 다른 사람들과 나누고 싶다는 생각이 들었다. 하지만 세상은 단절을 외쳤다. 그렇지만 괜찮았다. 나처럼 책 속을 파고들던 사람들과 만날 수 있는 화상회의를 통해 연결되었기 때문이다. 우리는 함께 책을 읽고, 즐거운 생각들을 마음껏 토론하며 서로의 이야기에 귀를 기울였다.

내가 지나온 어두운 시간 속에서, 고전은 나에게 단단한 지혜를 남겨 주었다. 삶이 항상 우리가 예상한 대로 흘러가지 않을지라도, 그 혼란스러운 흐름 속에서 자신만의 정원을 가꾸어야 한다는 메시지. 「미크로메가스」와 「캉디드」가 그러했듯, 우리 역시 삶 속에서 끊임없이 발견하고 가꾸며 앞으로 나아가야 한다. 아직은 우리의 철학책이 완전한 백지일지 모르지만, 그 책을 어떻게 채워 나갈지는 전적으로 우리에게 달려 있다. 그 백지는 가능성이며, 우리가 만들어갈 여정의 출발점이다.

이제 내 삶의 바다에도 한 줄기 빛이 내리기 시작했다. 고전 덕분에 어둠으로 가득 찼던 바다는 더 이상 공포의 대상이 아니다. 오히려 항해의 가능성이 열려 있는 평온한 바다로 변해 갔다. 고전은 폭풍전야의 바다를 잔잔하게 만들어 주었고, 나는 그 바다 위에서 새로운 항해를 꿈꾸게 되었다. 고전이 준 단단한 지혜와 함께, 나는 이제 내 인생이라는 바다에서 스스로 길을 찾아 나아갈 준비가 되었다.

작가노트 | 김단비

바다는 언제나 같은 모습을 하고 있지만, 매순간 다르다. 그것이 불안일 때도 있고, 희망일 때도 있었다. 감정의 불안 속에 나를 밀어 넣고 있을 때, 고전 속에서 발견한 지혜로 이 불안한 바다 위에 작은 등대를 세웠다.

캄캄한 밤의 바다에서 길을 잃고 헤매다 「미크로메가스」와 「캉디드」를 만났다. 불안 가슴에 평안으로 여백을 채우기 시작했다. "어떤 파도가 닥쳐와도 잔잔히 흘러가기를, 내 바다는 내가 가꾸어야 한다."는 결심으로 고요를 되찾았다.

책이 가져다준 한 줄기 빛이 내리기 시작한 이 바다에서, 닻을 올리고 항해를 시작한다. 그 누구도 대신할 수 없는, 나만의 파도를 넘어 나만의 길을 향해 나아가기로 했다.

어둠 속에서 빛나는 별들처럼 고전의 문장들이 나의 등대가 되어 주었다. 그 빛을 따라, 삶이라는 드넓은 바다에 나의 흔적을 새겨가고자 한다.

When life gives you lemons, make lemonade.

김미영

도시 생활을 청산하고 귀촌한 지 15년째다.
다섯 마리 고양이의 집사이다.
새벽이슬과 저녁노을, 장작불 지피는 것을 좋아한다.
자발적 삶을 위한 여정으로 고전과 글쓰기를 친구 삼았다.

나에게도 타인에게도 조금은 관대한 사람이 되고 싶다.
사라지는 열정을 붙잡으려 배움을 갈구하는 사람이 되고 싶다.
가까이에 있는 사람을 소중하게 생각하는 사람이 되고 싶다.
꽃과 나무와 하늘을 보는 사람이 되고 싶다.
감사할 줄 아는 사람이 되고 싶다.
지금, 이 순간을 기쁘게 살아가는 사람이 되고 있다.
사랑해. 고마워. 미안해. 라는 표현을 잘하는 사람이 되고 싶다.
주위에 도움이 될 수 있는 사람이 되고 싶다.

아직도 되고 싶은 것이 많은 욕심 많은 사람이다.
사람, 사랑, 책, 예술로 가득 찬 삶을 꿈꾼다.

언제나 삶은 계획대로 되지 않는다

 서른을 넘기지 않고 결혼하겠다는 다짐은 운명처럼 남편과의 만남으로 이어졌다. 호감을 가지고 만난 지 3개월 만에 결혼을 결심했을 때, 부모님은 놀라움을 감추지 못하셨다. 하지만 부모님과 살가운 사이도 아니었고, 늘 혼자 결정하며 살아온 터라 이번 결정도 별다를 게 없다고 여겼다.
 독립생활을 오래한 나는 어느 5월의 화요일, 엄마에게 전화를 걸었다. "12월로 결혼 날짜를 잡았어요. 이번 주 토요일에 인사드리러 갈 거고, 일요일에는 저쪽 집에 인사드리러 갈 예정이에요." 통보하듯 말한 내게 엄마는 별다른 대꾸를 하지 않았다. 대신 멀리 타 지역에서 일하던 아빠에게 이 소식을 전했다. 그 뒤로도 부모님은 특별히 연락을 해오지 않으셨다.

토요일 저녁, 드디어 어색한 첫 만남이 이루어졌다.
"두 분이 이야기하세요." 아빠와 남편이 대화를 나누는 동안, 나는 엄마와 함께 저녁을 준비했다. 식탁을 차리며 문득 바라본 아빠의 얼굴은 처음보다 훨씬 밝아져 있었고, 남편 역시 한결 편안한 표정이었다. 모든 것이 순조롭게 진행될 것 같다는 예감이 들었다. 이런저런 이야기로 생각보다 화기애애한 저녁을 먹고 후식까지 즐긴 뒤, 만족스러운 마음으로 집을 나설 수 있었다.

애교라고는 없는 나는 집 문을 나서자마자 후다닥 도로를 건너 차로 이동해 자리에 앉았다. 그런데 남편은 한참 동안 오지 않았다. 자세히 보니 남편이 엄마를 살짝 안으며 다정하게 작별 인사를 하고 있었다. 평생 그런 방식의 인사를 받아보지 못한 엄마는 얼음처럼 굳은 채 서 있었다. 그 모습을 보니 살며시 웃음이 났다.

돌아오는 길, 남편은 아빠가 자신에게 한 질문 세 가지를 이야기해 줬다. "자네 본관이 어딘가?", "어떤 어려움이 있어도 영아랑 끝까지 살 자신이 있는가?", "막노동 해서라도 먹여 살릴 각오가 되어 있는가?" 남편은 첫 질문에 답한 순간부터 이미 아빠의 호의를 느꼈고, 무리없이 통과될 줄 알았다고 했다.

하지만 엄마의 말은 달랐다. 우리가 떠난 뒤 아빠는 "한 대 툭 치면 부러질 것 같은 멸치 같은 놈을 데리고 와서는 어떻게 살려고 하는지."라며 못내 못마땅해하셨다고 한다. 하지만 내 선택에 대한 믿음 때문이었는지, 나에게는 일절 다른 말씀을 하지 않으셨다.

그렇게 양가의 축복 속에 결혼식을 올렸다. 하지만 우리가 가진 건 젊음과 열정, 용기와 사랑뿐이었다. 삶의 터전을 옮기고 자리를 잡을 때까지 아이는 미루기로 했다. 그러나 언제나 그렇듯, 삶은 계획대로 흘러가 주지 않았다. 시간이 흐르고 또 흘렀지만, 우리가 생각했던 안정적인 그 순간은 좀처럼 찾아오지 않았.

더 이상 미룰 수 없었다. 이미 노산이라는 단어가 내 나이에 따라붙었고, 마음은 점점 더 조급해졌다. 우리를 반반씩 꼭 닮은 아이를 갖고 싶었다. 부산과 대구, 서울을 오가며 몇 년에 걸쳐 시험관 시술을 받았다. 당시 시험관 시술에는 별다른 국가 지원이 없었다. 힘겹게 번 돈은 고스란히 아이를 갖기 위한 비용으로 들어갔고, 우리는 여전히 지하 같은 삶을 벗어나지 못했다.

그러던 중, 꿈에도 그리던 아이가 찾아왔다. 처음으로 아이의 심장 소리를 들었을 때의 그 벅찬 감정은 아직도 생생하다. 말은 하지 않았지만, 딸을 시집보낸 부모의 마음은 아이 소식을 들을 때까지 마치 죄인 같다고 했다. 나는 조심스레 부모님께 소식을 전했다.

아빠의 대답은 짧았다. "그래, 고생했다." 그 말이 전부였다.

여름이 가까워지고 있었다. 몸은 이미 입덧 준비에 들어갔다. 아무것도 먹고 싶지 않았고, 너무 피곤했다. 그런데 더 큰 문제는 내 마음 깊은 곳에 자리 잡고 있던, 설명할 수 없는 불안감이었다. 그 불안감은 점점 커지며 나를 압도했고, 밤잠을 이루지 못하는 날들이 계속되었다. 하지만 그 불안감을 누구에게도 정확히 말할 수 없었다.

어느 일요일이었다. 그날도 여전히 그 불안함을 안고 방에 누워 있었다. 마당에서 자갈 밟는 소리가 들렸다. '날씨도 더운데 누가 오셨나?'하고 일어났다. 이미 문이 열리는 소리가 들렸다. 급히 마중 나가 보니 커다란 수박 하나가 불쑥 내 앞에 들어왔다.

"덥고 입맛 없을 때는 수박만큼 좋은 게 없다." 그렇게 아빠는 수박을 내려놓고는 아무 일 없다는 듯, 대문 밖으로 사라졌다.

불안이 절정을 이루던 밤을 지새우고, 정기검진을 받으러 서울에 올라갔다. 초음파 검사를 받으며 나는 그만 비명에 가까운 소리를 질렀다.
"교수님, 심장 소리가 안 들려요!"
하지만 교수님은 아무런 대답도 하지 않았다.
울먹이며 쳐다보는 내게, 교수님은 마침내 나지막한 목소리로 말했다.
"안타깝지만 아이 심장이 멈출 것 같아요. 자세한 건 담당 교수님께 들으세요."
이미 나는 제정신이 아니었다. 머릿속은 새하얘지고, 한 걸음도 움직일 수 없었다. 이 충격적인 상황을 혼자 감당해야 한다는 사실이 나를 완전히 무력하게 만들었다. 초음파실 밖 세상은 여전히 분주하게 돌아가고 있었다. 모든 것이 나와는 무관한 듯했다.
'아직 멈췄다고 단정 지은 건 아니야. 희망이 있을지도 몰라.' 간신히 정신을 붙잡고 담당 교수님 방 앞에서 순번을 기다리며 앉았다. 그러나 마음 한구석은 이미 알고 있었다. 아이를 보내야 한다는 사실을.

담당 교수님은 희망을 놓지 말자며, 할 수 있는 모든 조치를 취해보자고 했다. 일주일 후 다시 확인하고, 만약 보내야 한다면 수술 날짜를 잡자고 하셨다. 집으로 돌아오는 길, 내 안에서 아이가 죽어가고 있다는 사실이 실감 나지 않았다.

'내 불안이 아이를 숨 쉬지 못하게 한 건 아닐까?' 자책이 끊임없이 몰려왔다. 한편으로는 하늘을 향해 원망을 쏟아냈다. '왜 주셨습니까? 이렇게 데려가실 거라면 왜 주신 거죠? 내가 삶에서 대체 무엇을 더 배워야 하기에 이런 일을 겪게 하시는 건가요?' 마음이 무너져 내렸다.

일주일 후, 나의 아이는 사망 판정을 받았다. 수술 날짜가 잡혔고, 담당 교수님이 조심스레 말을 건넸다.

"계류유산의 원인을 알 수 있다면, 앞으로 시험관 시술을 받는 다른 분들에게 도움이 될 겁니다. 마음 아프시겠지만, 아이가 유전자 이상에 의한 것인지 확인할 수 있도록 검사 신청서를 작성해 주십시오." 내 마음은 이미 잔잔해져 있었고, 담담하게 신청서에 서명했다.

공교롭게도 수술 전날, 오래전부터 예정되어 있던 친

정 부모님과의 저녁 약속이 있었다. 미룰 수도 있었지만, 굳이 그러지 않았다. 어차피 말씀드려야 할 일이었으니까. 저녁을 함께 먹고 조심스럽게 사실을 털어놓았다. 달리 별 말씀이 없었다. 바로 서울에 올라가야 한다는 말에 아빠가 툭 던지듯 말했다.

"그놈 참, 잘 붙어 있었으면 좋았을 텐데. 아이는 있으면 좋겠지만, 없어도 된다. 네가 제일 중요하다."

그 한마디에 잔잔해졌던 마음이 또다시 출렁였다.

"잘 다녀올게요."

돌아선 나를 부모님이 바라보셨을 그 순간을 떠올리면, 여행 가듯 가볍게 인사한 것은 지금도 잘한 선택이었다고 생각한다.

퇴원하는 날, 내 마음은 겉으로 보기엔 담담했다. 하지만 진짜 문제는 그 이후에 일어났다. 길을 걷다 작은 아이를 보면, 내 시선은 의지와 상관없이 그 아이를 따라갔다. 작은 아이를 보면 작은 아이대로, 큰 아이를 보면 큰 아이대로 생각이 이어졌다.

'지금쯤 이만큼 컸을 텐데... 저렇게 웃어줬을 텐데... 고집을 부리고 울기도 했을 텐데...' 시간이 흐를수록 마음은 더 공허해졌고, 현실감은 점점 흐려졌다. 지금 내 삶이

꿈처럼 느껴졌다. 삶에 대한 의지마저 희미해졌다.

그런 내가 인문 고전의 세계로 발을 들인 건, 우연이자 운명이었다. 지인의 권유로 시작된 일이었다. 매월 부담해야 할 회비가 생각보다 많았지만, 어두컴컴한 깊은 우물 속에 있던 나를 꺼내 줄 튼튼한 동아줄 같았다.

'이것이 나를 살아가게 할지도 몰라.' 그 희미한 가능성이 나를 붙잡았다. 옆을 돌아볼 틈조차 없을 만큼 빡빡한 일정이 이어졌다. 욕심을 내어 몇 권의 책을 동시에 신청한 탓에, 읽고 또 읽으며 서평을 작성하고, 토론에 참여하고, 짬짬이 남은 시간까지 끌어와 글을 써야했다. 하루가 어떻게 지나가는지 모를 만큼 빠르게 지나갔다. 고전이 한 권씩 내 마음에 차곡차곡 쌓일 때마다 공허한 마음이 조금씩 빠져나감을 느꼈다.

> 마음이 약한 사람을 비굴하게 만드는 무서운 시련은 또 마음이 강한 사람을 탁월하게 만드는 바람직한 시련이기도 하다. 그것은 비열한 인간이나 신과 같은 인간을 만들려고 할 때면 반드시 운명이 인간을 던지는 도가니 구실을 한다.
> 왜냐하면 하찮고 작은 싸움 속에서야말로 진정 위대한 행위가 이뤄지기 때문이다. 빈궁과 치욕이 여지없이 달려드는 생활 속에서 어떤 사람들은 끈질기고

> 남다른 강한 용기를 내어 한걸음 또 한걸음 저항한다. 그러다 마침내 그 누구의 눈도 미치지 않고, 어떤 명성도 없으며, 어떤 갈채의 나팔도 불지 않는 곳에서 숭고하고 신비로운 승리를 획득한다.
> 인생, 불행, 고독, 빈곤이라고 불리는 것들 모두가 싸움터이며 거기에는 영웅이 존재한다. 이름도 없는 이 영웅들은 세상에 이름을 날리고 있는 영웅들보다도 더 위대할 수도 있다.
> 꿋꿋하고 고귀한 성격은 만들어지는 것이다. 빈곤은 거의 모든 인간에게 살뜰하지 않는 계모지만 어떤 사람에게는 참다운 어머니 역할을 하기도 한다. 궁핍은 억센 영혼과 정신을 낳아 주고 유모가 되어 자랑스러운 마음을 키워낸다. 불행은 마음이 숭고한 사람들에게는 영양분이 풍부한 젖이기 때문이다.
>
> - 빅토르 위고, 『레미제라블』, 더클래식, 2017, 제3권, 169

책 속에서 만나는 문장 하나하나가 마치 내 안의 빈 공간을 메워주는 것 같았다. 그렇게 책은 나를 다시 살아가게 했다. 나는 나의 싸움터에서 영웅이 되고자 오늘도 고전을 나침반 삼아 한 발 한 발 내딛는다. 고전의 지혜는 삶이라는 복잡한 전장에서 방향을 잃지 않도록, 내게 든든한 길잡이가 되어준다. 그 지혜를 따라가며, 나는 어제보다 더 단단한 나로 성장하고 있다.

작가노트 | 김미영

    삶이라는 길을 걷다 보면 수없이 돌부리에 차여 넘어지곤 한다. 작은 돌에 걸려 넘어질 때는 가볍게 툭툭 털고 일어나지만, 더 큰 돌에 걸려 넘어진다면 상처를 남긴다. 그래도 못 일어날 정도는 아니다. 하지만 까마득한 절벽을 마주하면 그동안 수없이 넘어지고 일어났음에도 앞이 막막해짐을 느낀다. 그동안 쌓아온 경험이 무용지물처럼 느껴지고, 공허함마저 밀려온다.

    그 순간, 우리는 선택의 기로에 선다. 그대로 주저앉을지, 아니면 또 다른 길을 찾을지. 나 자신을 대견하게 여기는 이유는 매번 주저앉기보다는 새로운 길을 찾으려 노력했다는 점이다. 그 선택이 옳았음을 느낄 때마다 스스로를 칭찬하지만, 시간이 지나 되돌아보면 그 선택이 오롯이 나만의 것이 아니었음을 깨닫는다.

    마치 신이 여러 모습으로 나타나, 가장 바람직한 길로 들어서도록 슬며시 등을 떠밀어 준 듯한 느낌이다. 삶을 살아낼수록 이러한 느낌은 더 자주 찾아온다. 그럴 때마다 내 내면은 조금씩 더 안정이 되고, 모든 것에 대해 고마움으로 가득 차며 겸손해진다.

    평범한 하루가 가장 큰 행복임을 오늘도 깨닫는다.

When life gives you lemons, make lemonade.

진가록

이십대 중반 시작한 독서모임을 통해 책을 읽고 글을 쓰며 사는 삶을
꿈꾸기 시작했다. 삼십대 중반에 이른 지금, 육아와 집안일을 하면서
더 격렬하게 읽고 쓰는 삶을 바라고 있다.

저서로는 『낭독독서법』, 공저로는 『기억독서법』, 『오늘도꿈모닝입니다』,
『부산바다커피』이 출간되었다.

이메일 : nana4333@naver.com

방을 사다

 남편의 방을 샀다. 이 방을 어떻게 차지하나 고민을 하다가 찾은 해결책이었다. 늘 그렇지만 유독 용돈이 궁한 요즘, 마침 생일선물로 무엇을 바라냐고 물으니 남편은 역시나 현금이 좋다고 말했다. 네 돈 내 돈 따지기도 애매한 우리의 생활비는 이 통장에서 저 통장으로 옮겨 다니지만 엄연히 내 돈은 따로 있다. 비상금으로 모아둔 돈을 헐어 남편에게 쾌척하기로 했다.

 남편의 창고 같은 방은 결혼 준비를 하면서 소파 없이 커다란 테이블을 거실에 두고 싶다는 나의 허영심과 맞바

꿔 내어준 공간이었다. 자신만의 공간을 강조하기에 품격 있는 서재를 상상했건만 그 방은 남편의 어릴 적 로망에 따라 이층 침대가 달린 철제 벙커 책상과 게임용 의자로 채워졌다. 레몬색 벽지와 나무로 된 가구로 꾸민 집에 거무튀튀한 철제 책상을 놓아둔 방이 늘 내 심기에 거슬렸으나 신혼에는 약속을 상기하며 발톱을 숨길 수밖에 없었다. 그런데 듀얼 모니터와 스피커까지 동원하여 신나게 온라인 전투가 벌어졌던 군인 남편의 방은, 언제 끝날 지 알 수 없는 육아 전투가 시작되면서 자연스레 탈의실 겸 창고로 바뀌게 되었다. 이제 남편은 게임을 할 시간이 없으며, 어쩌다 그럴 시간이 생겨도 체력이 모자란단다.

내 방이 없는 나의 집에서 나는 그간 책을 싸 들고 이곳저곳 유랑했다. 거실의 널찍한 테이블 위에는 늘 잡동사니가 쌓여 있어 책을 읽으려고 앉으면 일거리만 눈에 보였다. 안방 화장대 앞은 옷에서 나온 먼지와 어두운 조명 때문에 몸을 혹사하기 좋은 곳이었다. 내 공간으로 꾸미려고 욕심만 내다가 아기 방으로 내어준 작은 방은 돌을 산 위로 굴리는 시지프스처럼 매일 새롭게 어질러진 장난감 자동차들을 치워야 앉을 수 있었다.

남편에게 방을 사고 나서야 내가 그토록 원한 곳이 이

곳이었음을 알게 되었다. 벽난로와 푹신한 소파가 놓인 아늑한 서재나, 풍경이 보이는 창문 앞 원목 책상 같은 사치는 먼 훗날로 미뤄둔 지 오래다. 지금 당장은 그저 한구석이라도 좋으니 책을 펼쳐 두고 틈날 때 달려가 펼쳐 볼 수 있는 공간, 아내나 엄마로서 할 일을 잊고 숨어들어 나의 사상을 피울 곳, 그런 골방이 필요했던 것이다. 인테리어가 무슨 소용이며, 철제 벙커 책상이면 어떻고, 옆에서 김치냉장고가 윙윙거리고 있으면 또 어떤가. 낮의 삶이었던 거실에 등돌리고 앉아 벽을 마주하고 책을 읽을 수만 있다면, 엉덩이를 의자에 붙이고 몸을 낮추어 오래도록 노트북 화면을 바라볼 수 있다면 충분하다는 생각이 들었다.

그러한 의미에서 분명히 이 방은 거저 얻으면 안 되는 곳이기도 했다. 다 먹지도 못할 도토리를 비축하는 다람쥐처럼 생여온 비상금을 내어 놓아야 그 희생에 걸맞은 방의 권리와 의미가 더불어 올 것이었다. 비상금보다 더 소중한 읽고 쓰기의 시공간으로서 말이다. 이제 나는 골방에서 할 일을 떠올리며 아이가 잠이 드는 틈을 비밀스럽게 기다린다. 가끔 너무 아이가 잠들기만을 바라지 않는가, 남편의 저녁 반찬이 부실하지 않는가 생각이 들지만 읽고 싶었던 고전 작품을 떠올리면 이런저런 고민들은 저만치 밀려나

버린다. 새근대며 잠든 아이가 깨지 않도록 조심히 안방 문을 닫고, 차 한 잔을 들고서 나의 세계로 들어간다. 거실 테이블을 차지하고 앉아 텔레비전을 보고 있는 남편에게 사랑스러운 인사말도 잊지 않는다.

현대 미국 문학의 거장인 윌리엄 포크너의 『내가 죽어 누워있을 때』는 죽어가는 애디 번드런을 두고 남편, 다섯 명의 아이, 그리고 이웃 주민들의 관점에서 쓴 소설이다. 미국 남부 목화밭이 펼쳐진 땅, 절벽 위에 자리잡은 집에서 다섯 아이를 키워낸 그녀는 죽으면 강 건너 친정 동네에 묻어달라고 남편에게 부탁했다. 목수인 아들이 심혈을 기울여 만든 나무 관 속 애디의 시신은 결혼식 때 입었던 드레스가 입혀져 있었다. 죽은 후에야 옷장 속 아껴둔 웨딩드레스를 입고, 가족들이 묻힌 고향을 향해 강을 건너는 여인. 그녀의 고단했던 삶은 '손'에 대한 묘사에서 드러난다.

> 듀이 델은 천천히 일어선다. 그러곤 어머니의 얼굴을 바라본다. 베개 위에 놓인 얼굴은 빛바랜 청동 주상 같고, 오로지 손만이 생명을 간직한 것 같다. 무기력하나 뭔가 삐뚤어지고 꼬부라진 느낌. 모든 게 소진되었으나 아직도 경계하는 그 무엇 때문에 피로, 기진맥진, 고통이 미처 떠나지 않은 듯하다. 어머니

의 손은 마치 죽음 이후 영면의 현실성을 의심이라
도 하듯이, 결코 지속되지 않을 정지의 순간, 즉 죽음
을 경계하려는 듯하다.

- 윌리엄 포크너, 『내가 죽어 누워있을 때』, 민음사, 2003, 61

평생 땅을 파며 일하고 자식들을 키워내느라 고생한 어머니의 손은 죽어도 죽지 못한다. 영혼이 떠난 육체에 아직도 생명을 품은 듯 보이는 손, 삶의 고통이 떠나지 못하는 손을 하나뿐인 딸 듀이 델은 알아본다. 한때 가정을 지키고 가족들을 살렸던 손을 바라보는 듀이 델의 삶은 자신의 어머니와 다를 수 있을까. 전업주부로서 육아를 도맡아 보니 '어머니의 손'에 냉담할 수 없다. 그렇지만 이런 상상도 해본다. 애디에게도 골방이라는 시공간이 있었다면 어땠을까. 만약 매일 밤 창고 같은 방에 앉아 글 한 줄이라도 꼭꼭 씹어 읽었다면, 아이를 쓰다듬던 거룩한 손으로 동시에 삶의 빛나는 순간들을 붙잡아 기록할 수 있었다면.

한밤중 책을 읽다가 아이 울음소리에 뛰쳐나갔다 돌아오기를 반복한다. 두 집 살림하듯 이쪽저쪽을 오가며 그 어느 쪽도 만족시키지 못하는 것 같아 심란한 날도 있다. 그렇지만 이 줄다리기를 멈출 수 없다. 사랑하는 가족만큼이나 포기할 수 없는 내 삶이 옷장 속 웨딩드레스처럼 나를

기다리고 있기 때문이다. 남편의 방을 점령해야 할 만큼 값진 읽고 쓰는 순간들이 소소한 일상 속 나를 일으켜 세울 것을 확실히 안다. 끝이 어떤 모습이라 한들 엄마로서, 아내로서 그리고 나 자신으로서 얼마나 충실하게 살았는지는 나의 손이 그리고 이곳 방이 기억할 것이다.

작가노트 | 진가록

웬일로 아이는 두 시간이 넘도록 낮잠을 자고 있다. 얼른 내 방으로 달려와 사놓고 읽지 못했던 단편 소설집을 펼쳤다. 주인공은 룸메이트를 통해 정신적 아픔을 딛고 등졌던 고향으로 향한다. 단편 하나를 다 읽고 덮는데도 아이는 기척이 없다.

노트북을 켜고 마무리했던 글을 다시 살펴본다. 문장에 '나'가 너무 많아 도려내고, 너무 짧아 밋밋한 문장은 다음 문장과 이어 붙였다. 동시에 머리 한켠에서는 아이가 깨면 할 일들이 순서대로 정리된다. 오늘 밤에 손봐야 할 글이 담긴 파일을 잘 보이도록 노트북 배경화면에 꺼내면서 나도 모르게 입 밖으로 외친다. "재미있다."

결혼을 하고 아이를 낳기 전에는 글을 읽고 쓰는 것이 어떤 의미인지 고민하느라 시간을 많이 보냈다. 아내도 엄마도 '나'의 소중한 삶이지만, 책과 함께하는 내 삶을 잃어보니 이 일이 나에게 얼마나 귀한지 알겠다. 방까지 샀으니 이제 고민할 시간은 없다. 못 먹어도 골방으로!

레이

사람에게 영향을 미치는 건 무엇일까? 사는 곳, 취향, 하는 일.
안동에서 태어났다. 유년은 대부분 분천, 그 뒤로는 줄곧 경산에서 살고 있다.
향과 맛이 강한 음식은 모두 좋아한다. 글도 마찬가지다.
학원강사, 제빵사, 바리스타를 거쳐 지금은 귀금속 세공을 하며 살아가고 있다.

이메일 : fukai211@naver.com

문 앞에 서서

두 사람이 문 앞에 마주 서 있다. 한 사람은 안으로 들어가려 하고, 한 사람은 막아선다. 문은 열려 있다. 마치 없는 것처럼. 안으로 들어가지 않아도 문밖에서 문안을 볼 수 있나. 막아서는 사람이 있고 그가 "나는 문지기요."라고 말하는 순간 문이 생긴다. 문지기가 없는 문이 있을 수 있을까? 문지기와의 대화 없이 문을 넘었다면? 아니면 문 앞에 서본 적조차 없었다면? 2,000자 정도로 이루어진 카프카의 단편 소설 「법 앞에서」는 이렇게 시작한다.

법(法) 앞에 한 문지기가 서 있다.

- 프란츠 카프카, 「법 앞에서」, 『변신 단편 전집』, 솔, 2019, 225

"법 앞에 한 문지기가 서 있다." 문지기의 존재만으로 문이 만들어진다. 공간은 문지기를 경계로 나뉜다. 문밖과 문안. 문밖은 지금까지 살아온 세계이며 문안은 지금껏 가보지 못한 새로운 세계이다. 하나의 세계였지만 문지기의 존재로 인해 전혀 다른 새로운 세계로 탈바꿈했다. 저 문을 넘어서면 지금과는 다른, 새로운 곳에서 눈뜰 수 있다. 만약 한 명의 문지기도 만나지 못했다면? 문지기 없이 문만 열고 지나갔다면? 그래서 문이 문의 역할을 하지 못했다면?

언제부터 생활에 필요한 돈을 벌까? 난 열아홉, 책방 아르바이트로 일을 시작했다. 어려서부터 동네 책방을 돌아다녔다. 책을 빌리러 가면 다 아는 얼굴이었다. 주인까지도. 그래서 별다른 면접 없이 책방에서 일하게 되었다. 그다음 일은 파트타임이었다. 여기도 아는 얼굴이었다. 내가 중학교 때 다녔던 곳이었으니까. 전화가 왔다. 일해보지 않겠냐고. 그래서 낮에는 대학교에 다니고, 저녁에는 입시학원에서 중학생들을 가르쳤다. 학교를 졸업한 후에는 자연스레 학원에서 일을 했다. 근 10년 일했을 때 학원이 문을 닫았다. 나는 스물아홉이 되었다.

사람의 삶은 참 묘하다. 모두가 다른 시간을 단독으로 살아가는데도 다르지만 같은 길인 듯 서로의 길이 맞닿을 때가 있다. 이십 대에서 삼십 대로 넘어가는 기점에서 그렇다. 이때 많은 이들이 비슷한 감정을 마주한다. 나는 소설 속 주인공처럼 늙지도 죽지도 않을 줄 알았다. 딱 스물아홉까지 그랬다. 서른이 되었을 때 나는 내가 늙고 결국에는 죽을 거란걸 인정했다. 나는 주인공도 엑스트라도 아니고 수없이 많은 사람 중 하나였다. 절대 특별하지 않은.

태어날 때 한 살. 그 뒤로, 10년을 주기로 동그란 문이 하나 생긴다. 열 살에서 스무 살, 스무 살에서 서른 살. 1에서 2로, 2에서 3으로, 십 년의 문턱을 하나씩 넘을 때마다 우리는 하나의 문과 대면한다. 아무것도 하지 않아도 쉽게 문을 넘어설 수 있다. 문지기도 없는 문을. 애써서 나이를 먹는 사람은 없다. 숨만 쉬어도 살 수 있다.

내 기준에서 서른은 어른이었다. 하지만 막상 그 자리에 서 보니, '삼'이라는 숫자는 사라지고, '영'만 덩그러니 남아 있었다. 거울처럼 길고 둥근 숫자 앞에 나이가 든 나와 아직은 어린 내가 마주 선다. 어른으로 영 살. 난 어떻게 살아야 하지? 무얼 해야 하지? 고민이 시작되었다. 껍질만 얄팍하게 익은 서른 살에.

법 앞을 서성이는 시골 사람에게 문지기가 말한다.

> "그것이 그렇게도 끌린다면 내 금지를 어겨서라도 들어가 보게나. 그러나 알아두게. 나는 힘이 장사지. 그래도 나는 단지 최하위의 문지기에 불과하다네. 그러나 홀을 하나씩 지날 때마다 문지기가 하나씩 서 있는데, 갈수록 더 힘이 센 문지기가 서 있다네. 세 번째 문지기의 모습만 봐도 벌써 나조차도 견딜 수가 없다네."

서른 살. 나는 제과제빵을 배워 빵집에 취직했다. 처음에는 매장에서 빵을 팔았다. 어느 날 갑자기 안쪽 공장에서 일하던 사람이 도망을 갔다. "안에서 일 해볼래?" 사장의 말에 당연하듯 고개를 끄덕였다. 그곳은 다른 세계였다. 내가 알던 세상과는 생각의 기준이 달랐다. 위에서 아래로, 오직 한 방향으로만 말이 흘렀다. 넉넉잡아 다섯 평. 냉장고, 발효기, 믹싱기, 오븐, 작업 테이블, 냉동고 같은 기계들이 대부분의 공간을 차지하고 있다. 사람이 다닐 수 있는 길은 긁어모아도 한 평 정도. 그 공간에 두세 사람이 모여 최소 8시간을 서서 일했다.

시간은 빵의 상태에 맞춰졌다. 이스트가 들어간 빵은 생물처럼 자란다. 식물의 생장은 환경에 따라 달라진다. 적절하게 자란 시점에서 알맞게 구워야 한다. 할 일은 늘어나는데 고된 일에 몸은 퍼지고 일하는 시간이 늘어진다. 쏟아지는 말이 나를 찌른다. 불이 들어오지 않는 화장실에 홀로 앉아 우는 날이 늘어난다. 열심히 하면 모든 것이 해결될 줄 알았다. 노력은 일을 잘 해낼 때나 인정한다는 걸 알게 되었다. 사장의 말에 따라서 행동했는데도 왜 내 말에 따라 했냐는 말을 들을 때, 내가 어떻게 행동해야 하는지 알 수 없게 되었다.

퇴근 시간은 언제예요? 물음에, "빵집에 퇴근 시간은 없다."라는 답을 들으며 뛰쳐나가지 않은 순간부터 길을 잃었는지도 모른다. 나는 어디에 있지? 내 생각은? 내가 하고 싶었던 일이 흐려지다가 사라졌다. 세상은 내가 할 수 없는 일들로 뒤덮였다. 작은 소리에도 놀라고 생각은 쉽게 흔들리고 무엇하나 스스로 결정하지 못하는 순간이 왔다. 지하철 문 앞에 서서 한참을 망설이다, 결국 엄마의 번호를 눌렀다.

"엄마, 나 어디로 가야 할지 모르겠어." 처음으로 내 속의 모든 것이 비워졌다.

죽기 직전이 돼서야 시골 사람은 한 가지 사실을 깨닫는다. 수없이 문 앞을 들락거렸는데, 아무도 이곳에 오지 않았다는 걸.

> "지난 수년 동안 나 이외에는 아무도 입장을 허락해 줄 것을 요구하지 않았는데, 어째서 그런가요?" 문지기는 그 시골 사람이 이미 임종에 다가와 있다는 것을 알고 희미해져가는 그의 청각에 들리도록 하기 위해서 소리친다. "이곳에서는 너 이외에는 아무도 입장을 허락받을 수 없어. 왜냐하면 이 입구는 단지 너만을 위해서 정해진 곳이기 때문이야. 나는 이제 가서 그 문을 닫아야겠네."
> - 프란츠 카프카, 「법 앞에서」, 『변신 단편 전집』, 솔, 2019, 227

오직 당신만을 위한 문. 시골 사람은 입장을 허락받기 위해 문지기가 내어준 등받이 없는 의자에 앉아 허락이 떨어지기만을 기다린다. 그 기다림은 끝없는 시간처럼 이어지고, 그의 온 생애는 그 문 앞에서 흘러간다. 허락은 그가 죽는 순간까지 내려오지 않는다. 그만을 위해 열렸던 문은 문지기의 마지막 말과 함께 닫힌다. 노인의 시간은 끝났고 그를 위한 문은 닫혔다. 글이 끝난 자리, 하얀 여백을 손가락으로 쓸어본다.

문을 열지 않은 세계. 단 한 명의 문지기도 만나보지 못한 세계. 그곳이 내 삶이었다. 나는 그가 있는 곳을 피해 다녔다. 그가 보낼 눈빛, 매몰찬 거절의 말이 두려웠다. '이 문을 넘어도 다음 문이 나오고 그 문 앞에는 더 강한 문지기가 있을 거야. 약한 나는 견디지 못하겠지. 그러니 근처에도 가지 말자.' 결국 나는 부서졌다. 문 앞도 아닌 어딘가에서. 희미한 빛도 보이지 않는 곳에서.

어떻게 살아야 하지? 아니, 왜 살아야 하지? 잠시 멈춰선 순간마다 떠올랐던 질문이 이제는 더 아래에서 더 진득하게 내게 달라붙는다. 처음 문지기를 만났을 때, 허락 없이 지나가 보라는 문지기의 말에 주저앉은 시골 사람을 한껏 비웃었다. 그러고서 나는? 문과 멀어지려고만 했다. 묻지 않으면 답을 찾을 수 없고 답을 내리지 않으면 다음으로 넘어갈 수 없다는 사실을 부딪쳐서 깨지고 나서야 알았다.

다시는 형체를 가지지 못할 줄 알았다. 감사하게도 숨

을 쉬기만 해도 시간이 흘렀다. 누덕누덕 이어 붙여 볼품없어졌지만 완전하다고 생각했을 때보다 더 나다워졌다. 문지기 하나 건너지 못한 시골 사람을 이제는 비웃지 않는다. 나 또한 시골 사람과 같으니까. 아니, 그보다 못할지도 모르겠다. 누구나 처음은 초라하게 시작한다. 형편없지. 제대로 보지 못하고 뛰어가다가 문에 부딪혀 산산조각 났지만, 이제는 보수공사도 얼추 끝나고 눈도 두 개나 뜨고 있다. 농담도 제법 할 줄 알게 되었다. 다음 문에서는 문지기에게 인사부터 건네봐야지.

작가노트 | 레이

    문 앞에서 선다. 문은 열려 있다. 나는 열린 문 너머의 전경을 본다. 그것은 그 자리에 있다. 문 앞에 서기까지 얼마나 긴 시간이 걸렸던가. 문은 항상 그 자리에 있었다. 나와 함께. 문은 항상 그 자리에 있지만 찾지 않으면 볼 수 없고 두드리지 않으면 소리 나지 않으며 열려고 하지 않으면 문 너머를 볼 수 없다. 찾고 두드리고 열어야만 문을 건너갈 수 있다.

    열린 문은 항상 곁에 있던 사물을 보여준다. "보라, 이것들을." 비로소 바로 본다. 같지만 달라진 풍경을! 변해야 하는 것, 가져야 하는 건 단 하나, 시야. 다르게 보는 것뿐일지도.

    장소는 고정되고 시간은 해가 갈수록 빨라진다. 반복되는 일상. 땅에 붙은 발을 살짝 띄워 주변의 것을 다르게 바라볼 수 있게 해주는 작은 창이 손바닥 위에서 펼쳐진다. 보는 것보다는 듣는 길 더 선호해서 수로 귀로 듣고는 하지만. 또 다른 삶을 살게 해주면서 촉촉이 마음을 채워주는 글귀들 앞에 살짝 서 본다.

심미경

23년 차 미술교육자로 일을 하는 중에 아이들의 마음 상태와 부모의 심리에 관심을 가지게 되었다. 미술치료와 심리상담 공부를 하고 협동중심 집단 미술치료가 아이들의 사회적 기술에 미치는 영향에 대한 연구로 논문을 발표했다. 그 과정에서 경험한 사례들을 바탕으로 2021년에 첫 책 『엄마의 말투』를 세상에 내어놓고 작가가 되었다. 두 번째 책은 2023년에 옴니버스 에세이로 『엄마가 보고 싶은 날엔 코티분 뚜껑을 열었다』를 집필했고, 전자책으로 『나는 유치원생 엄마입니다』를 썼다. 현재 심리성장학교:지감성장을 운영하며 누군가의 심리적 성장을 돕는 일에 매진하고 있다.

주요 저서
『엄마의 말투』
『엄마가 보고 싶은 날엔 코티분 뚜껑을 열었다』 공저
『나는 유치원생 엄마입니다』

이메일 : worship703@naver.com
인스타 : @jigamgrow

책 속에서 찾은 위로의 빛

"책 쓰기 전에 너희 아이들에게 하는 네 말투나 먼저 돌아봐."

원고 수정을 다 마쳐갈 즈음, 친구가 건넨 말이다. 첫 책을 자녀교육서로 썼고 제목은 『엄마의 말투』로 정해진 상태였다. 그 말을 듣고부터 책을 쓴다는 것이 두려워지기 시작했다. 7년 동안 꿈꿨던 저자가 되기 직전에, 그 말이 마치 주제파악을 하라는 경고처럼 들렸다.

또 다른 친구의 말도 떠올랐다.
"신중하게 써라. 자칫하면 매장 당한다."

거칠지만, 책의 내용대로 살아내지 못하면 문제가 될까, 혹은 실수라도 해서 세상이 등을 돌리면 어쩌나 하는 걱정이 담긴 말이었다. 그 말들이 잠시 상처가 되긴 했지만, 돌이켜보면 나를 돌아보고 다시 힘을 낼 수 있는 계기가 되었다.

이처럼 마음에 생채기를 내는 말을 의연하게 받아들일 수 있는 여유가 처음부터 내게 있었던 것은 아니다. 심리 공부로 마음을 다독이고, 책을 읽으며 생각을 다져온 시간이 쌓인 결과다. 살다 보면 누구나 감당할 수 없는 감정에 휘둘릴 때가 있다. 특별한 이유가 있는 것도 아닌데, 스스로 어찌할 도리 없이 좋지 않은 기분에 휩싸이는 순간들 말이다. 그런 상태에서는 일상을 살아갈 힘도, 여유도 사라진다. 이런 무기력한 상태를 마주할 때, 나는 나름의 방법으로 그것을 극복하려고 한다.

그림을 그리거나 글을 쓰며 감정을 풀어내기도 하고, 때로는 바다를 보러 가기도 한다. 멍하니 파도를 바라보면 마치 감정이 파도에 쓸려 내려가는 것 같은 느낌이 들어 한결 나아진다. 여유가 있을 때는 맛있는 음식을 먹으며 스스로를 위로하기도 한다.

그래도 해결되지 않을 때, 나는 책이 가득한 공간으로 들어간다. 마치 수많은 사람들의 위로를 한꺼번에 받을 수 있을 것만 같은 느낌이 들어서다. 책장에 꽂힌 책의 제목을 하나하나 훑어보는 것만으로도 마음이 풀릴 때가 있다. 제목에 이끌려 한 권을 꺼내 들면, 그 자리에서 책을 펼쳐 읽는다. 위로받는 흐름을 끊고 싶지 않아서 그 자리를 떠나지 않는 것이다.

남편으로 인해 부정적인 감정에 휘둘릴 때는『기분이 태도가 되지 않게』라는 책을 읽으며 나 자신을 다잡는다. 친구의 걱정 어린 말이 아프게 다가올 땐『너는 나에게 상처를 줄 수 없다』를 펼친다. 이 외에도『나쁜 건 넌데 아픈 건 나야』,『무례한 사람에게 웃으며 대처하는 법』,『당신이 옳다』같은 책들로 위로를 받는다.

책 제목을 둘러보는 것만으로도 마음이 가벼워지지만, 책 속으로 깊이 들어가 읽다 보면 무기력했던 상태에 있었던 사실조차 잊어버리게 된다. 이렇게 에세이를 읽을 때는 마치 친구와 수다를 떨며 감정을 풀어내는 느낌을 받는다.
그런 위로도 좋지만, 나는 조금 더 깊고 섬세한 위로를 갈망했다. 무기력감에 모든 일정을 내려놓을 수밖에 없었던 어느 날, 거실의 빈백에 기대어 앉았다. 정면에는 4단 책꽂이 세 개가 나란히 놓여 있었다. 빼곡히 들어찬 책들 사이로 노트 한 권이 보였다. 그 노트를 꺼내 펼쳐보기 전, 문득 헤르만 헤세의 『데미안』을 읽으며 필사했던 구절이 떠올랐다.

> 자기 자신을 찾고, 자기 속에서 확고해지는 것, 자신의 길을 앞으로 더듬어 나아가는 것…
> - 헤르만 헤세, 『데미안』, 민음사, 2000, 171

반복되는 감정에 그저 힘들어하고, 위로가 되는 한 마디의 문장에 겨우 괜찮아져서는 또 그냥 그렇게 살아가지는 상태.

나는 그런 단순한 순환을 벗어나고 싶었다. 왜 무기력감에 휩싸이는지, 그 정확한 원인을 알고 싶었다. 내 감정에 속수무책으로 휘둘리며 살아야 하는 이유를 알게 된다면, 그 상태에서 벗어날 수 있다는 것을 알고 있었다. 알면서도 감정을 돌아보지 않고 외면하며 살아왔다. 그게 더 쉬웠기 때문이다. 그러던 어느 날, 문득 떠오른 헤르만 헤세의 『데미안』이 전하는 메시지는 거칠고 메마른 곳에서 우연히 마주한 한 잔의 시원한 물 같았다.

삶에서 가장 큰 문제는 자신을 잘 알지 못한다는 데서 시작된다. 나 역시 나를 제대로 알지 못하니 믿음도 생기지 않고, 내 안에서 확고해질 수 없었다. 나를 모르는 상태에서는 내가 가야할 방향도, 걸어야 할 길도 보이지 않았다. 그렇게 내 안에서 소용돌이치는 감정에 휘둘리며 허덕이는 날들이 반복되었다.

막스 데미안이 에밀 싱클레어에게 했던 말처럼, 내면을 깊이 들여다보고 탐구하고, 스스로를 찾고 자기 안에서 확고해진다면, 그런 삶은 더는 나를 집어삼키지 못할 것이다. 선명한 목표와 확실한 방향이 생기면, 희망이 생기고 그 희망에 열정을 더해 주저할 겨를 없이 살아가게 될 테니까.

에밀 싱클레어의 성장을 통해 깨닫게 되는 이 핵심 메시지가 이 책을 두고 '고뇌하고 방황하는 청춘들을 위한 바이블'이라 부르는 이유일 것이다. 어렸을 때 읽었을 땐 그저 흘려보냈고, 청춘 시절에도 잠깐 읽다 말았었다. 그 당시에는 아무 울림이 없었지만, 중년이 되어 다시 읽었을 때는 오히려 더 깊고 큰 여운을 남겼다.

고전을 읽다 보면, 그날의 감정 상태에 따라 다른 해석을 하게 되기도 한다. 그런데 흥미로운 점은, 고전을 읽으며 감정을 풀어내는 과정을 통해 단순히 기분이 좋아지는 것을 넘어, 내 안에서 깊은 내면적 성장을 이루게 된다는 것이다. 감정이 고조되거나 내려앉은 순간에 고전을 찾게 되는 이유는, 그 속에서 나 자신을 성찰하며 조금 더 나은 내가 될 가능성을 발견할 수 있기 때문이다.

고전이 이런 성장을 가능하게 하는 데에는 그 나름의 이유가 있다. 고전 속에는 철학적 사고를 자극하는 깊이 있는 문장들이 가득하다. 그런 문장들과 마주하며 우리는 자기 내면을 들여다보고, 삶의 본질을 탐구하며, 감정의 흐름을 새롭게 지휘하는 지혜를 얻는다.

고전을 통해 얻은 수많은 깨달음 중, 가장 큰 영향을 끼친 것은 감정에 대한 깨달음이었다. 우리는 흔히 감정을 부정적인 감정과 긍정적인 감정으로 구분하지만, 그 본질을 고전 속에서 다시 바라보게 됐다. '힘들다, 속상하다, 화가 난다'는 감정은 '즐겁다, 기분이 좋다, 행복하다'는 감정이 있기에 느낄 수 있다. 이 말은 좋지 않은 감정의 뿌리에는 좋은 감정이 있다는 것이다. 결국 짜증이 나거나 화가 나는 순간은 기분 좋음에서 시작되었고, 그 흐름은 다시 긍정적인 상태로 이어진다. 그래서 부정적인 감정의 본질은 긍정적인 감정이라는 결론에 도달하게 된다.

이 말을 처음 들으면 "도대체 무슨 말인가?"하고 의아

해질 수 있다. 하지만 고전을 읽다 보면 이런 철학적 사고의 과정을 거쳐 말도 안 되는 것처럼 보이는 해결책을 받아들이게 된다. 감정에 휘둘리지 않고 스스로 이끌어나가는 지혜를 얻는 것이야말로 고전의 힘이다.

고전에는 어떤 설명으로도 완전히 정의할 수 없는 '무엇'이 있다. 그것은 고전이 우리에게 주는 선물이다. 그 선물은 지식을 넘어선 통찰로, 우리의 감정을 재정립하고 삶의 태도를 바꾸게 한다. 『데미안』이 내게 그러했듯이, 고전은 나를 깊이 위로해 주고 내 삶의 방향을 다시 바로잡아주었다. 감정을 넘어, 나 자신을 발견하게 하고 성장으로 이끄는 힘. 그것이 고전이 우리에게 주는 가장 값진 선물이 아닐까.

작가노트 | 심미경

아침에 일어나 글을 쓴 지 어느덧 10년이 다 되어 간다. 매일 꼬박꼬박 날 수를 채운 것은 아니지만, 10이라는 숫자의 해를 지나오며 이젠 어려움 없이 글을 쓰는 습관 정도는 만들어져 있다. 참 감사한 습관이다.

밤새 나의 뇌는 무슨 일을 벌이고 어떤 공부를 한 것인지, 아침마다 떠오르는 생각이 그렇게 많다. 혼자 쓰고 혼자 읽는 글이라 부담 없이 써 내려가다 보면 노트 한 페이지는 거뜬히 넘기기도 한다. 그럼에도 나는 밖으로 드러내는 글을 쓰는 것은 두렵고 또 두렵다.

첫 책을 세상 밖으로 내보내고 책을 썼다는 기쁨은 잠시. 내가 무슨 짓을 한 것인지, 이 일을 어찌하면 좋을지…, 난감하고 부끄러웠다. 첫 책이 2쇄도 못 찍어보고 절판되어 사라지는 것은 아닐까 하는 두려움이 지금도 이어지고 있다. 하지만 그 뒤에 숨은, 어쩌다 2쇄, 3쇄로 이어지는 터무니없는 욕심 때문에 이상한 심리적 고통을 겪기도 했다.

그래도 나는 글을 써서 밖으로 내보낼 두려움보다 글을 쓸 수 없게 되거나 글을 쓰지 않는 삶이 더 두려웠다. 자신 있게 내놓을 수는 없어도 수없이 많이 고치고 또 고치면서라도 글을 쓰고 또 쓰는 삶을 살고 싶다.

글을 꾸준히 쓰고 책으로 만들어 지기까지의 어려움을 견뎌내 겠다는 다짐은 이전에도, 지금도, 앞으로도 꾸준히 이어갈 간절한 마음이다. 그렇게 용기 내어 글을 쓸 수 있도록, 『데미안』은 나에게 속삭인다. 알을 깨고 나오라고.

"새는 알에서 나오려고 투쟁한다. 알은 세계다. 태어나려는 자는 하나의 세계를 깨뜨려야 한다."

송미향

30년 차 시골 약사. 다람쥐 쳇바퀴 돌 듯 12평 남짓한 공간을 벗어나지 못하는 삶이 답답했다. 유리창 너머의 세상으로 나가 훨훨 날아다니는 꿈을 꿨다. 언젠가는 올 거라고 믿으며. 그 기회는 책이라는 날개를 달고 찾아왔다. 생각했던 세상보다 더 넓고 깊은 고전이라는 세계를 탐험하며 글쓰기를 통해 진정한 자아를 찾아가는 중이다.

저서로는 공저 『리딩 퍼포먼스』, 『그녀들의 예술 산책』이 있다.

이메일 : susanaa@naver.com
블로그 : https://blog.naver.com/susanaa
인스타 : @susanaahappy

삶이 묻어난 이파리 가득한 나무

숨 쉬는 것조차 버겁게 느껴질 정도로 힘든 순간이 종종 찾아온다. 정신없이 바빠서가 아니다. 오히려 그런 경우는 몸은 힘들어도 모든 일이 끝나면 성취감과 뿌듯함으로 마음은 꽉 찬다. 반대로 아무것도 하지 않는 시간, 그 무엇도 할 수 없는 시간이 찾아오면 길 잃은 양처럼 어찌할 줄 모른다. 몰아치는 일상 뒤 찾아오는 공허감도 마찬가지다. 앞만 보고 숨 가쁘게 달려왔는데, 문득 정신을 차려보니 제자리 뛰기였다는 것을 발견하는 순간, '도대체 지금까지 무얼 한 거지?'라는 의구심에 삶이 허무하게 느껴진다.

성실하게 공부한 덕분에 '약사'라는 전문직을 갖게 되

었다. 승승장구는 아닐지라도 공부처럼 쏟은 노력만큼의 열매는 맺고 순탄하게 흘러갈 줄 알았다. 모범생, 우등생이라는 꼬리표는 더 이상 나를 대변해 주지 못했다. 사회에서는 신뢰감이라고는 전혀 느껴지지 않는 일개 햇병아리 약사일 뿐이었다. 머릿속에 차곡차곡 쌓아 놓은 지식을 일목요연하게 쏟아내어도 냉랭한 눈빛들만 돌아왔다. 이제 와 돌이켜보면, 그때의 나는 정보의 파편들만 나열했으니 당연한 반응이었다. 하지만 당시에는 몰라주는 사람들이 야속하기만 했다.

안락했던 삶의 둥지를 떠나, 아는 사람 하나 없는 곳에서 홀로 고군분투하던 시절이 있었다. 출입문만 열고 나가면 만날 수 있는 따스한 햇살도 아지랑이처럼 멀리서 아른거릴 뿐 나에게는 좀처럼 닿지 않았다. 가족과 세상에 대한 원망과 외로움으로 점점 메말라지고 차가워졌다. 거울 속에 비친 어둡고 무표정한 모습은 내가 봐도 경악할 정도로 낯설고 무서웠다.

메마르고 차가워진 마음을 어루만지고 다독여 준 것은 뜻밖에도 음악이었다. 종일 틀어놓던 FM 라디오에서 좋아하는 곡이 흘러나올 때마다, 모든 감각과 신경이 음악 속으로 빠져들었다. 거센 파도처럼 몰아치는 격정적인 피아노

소리에 꾹꾹 눌러두었던 감정이 요동쳤고, 관혁악의 아름답고 슬픈 서정적인 멜로디가 울려 퍼지면 눈물이 주르르 흘러내렸다. 교향곡이 점점 클라이맥스를 향해 달려갈 때면 희열로 벅차오르며 내일의 희망을 꿈꾸게 해줬다. 이렇게 음악은 혼자가 아니라고 속삭여 주고 얼어붙었던 마음을 따스하게 녹여주었다.

약국에서의 일이라는 것이 환자들이 몰릴 때는 폭풍이 휘몰아치듯 혼을 빼놓다가도 갑자기 적막감이 들 정도로 고요해지기도 한다. 패턴이 일정하면 미리 계획을 짜서 알차게 보낼 수 있겠지만 들쭉날쭉 불규칙하다. 점심을 한 번에 먹기도 쉽지 않다. 심할 경우는 길어야 20분 정도의 점심시간 동안 열 번도 넘게 숟가락을 들었다 놓았다 하기도 한다.

처음에는 조각난 공백 시간을 어떻게 보내야 할지 몰라 멍하게 흘려보냈다. 그렇게 하루를 보내고 나면 얼마나 허무하던지. 한 번 흘러가면 영영 돌아오지 않는 소중한 시간을 무의미하게 보내고 싶지 않았다. 불현듯 '책을 읽어야겠다'는 생각이 들었다. 첫술에 배가 부르지는 않았다. 엄청난 책들이 나열된 인터넷 서점에서 어떤 책을 골라야 할지 몰라 한참 헤맸다. 이리저리 뒤적이다 무엇에 이끌리듯

장영희 작가의 『문학의 숲을 거닐다』가 눈에 들어왔다. 문학작품을 연결해서 쓴 에세이였다. 자연스럽게 책 속에 담긴 문학작품을 찾아서 읽게 되었고 그 책이 꼬리에 꼬리를 물고 다른 책들을 연결해 줬다.

물론 읽은 책들을 모두 이해하고 좋아했던 것은 아니다. 그중 고전들은 읽어내는 것도, 그 속에 담긴 의미를 알아차리는 것도 벅차서 읽다가 중단한 적이 부지기수다. 그래도 포기하지 않고 끝까지 읽어내면 성취감으로 뿌듯해졌고, 점점 낮아지던 자존감도 조금이나마 올라갔다. 묵직한 감동과 잔잔한 여운, 그리고 조용히 전해지는 위로의 손길은 고전의 세계로 계속 빠져들게 했다.

> 어쩌면 내일 날이 맑을 거야.
> - 버지니아울프, 『등대로』(리커버), 민음사, 2020, 25

버지니아 울프의 『등대로』에서 램지 부인이 아들에게 하는 말이다. 아들 제임스는 창밖으로 보이는 등대로 램지 부인과 함께 가고 싶어 한다. 남편 램지 씨는 내일은 날씨가 좋지 않다며 그들의 작은 꿈을 번번이 좌절시킨다. 제임스는 그런 아버지를 미워하고 증오하지만, 램지 부인은 남편의 말에 순응한다. 대신 내일은 날씨가 좋아서 갈 수 있을 거라며 희망을 놓지 않는다.

    올해로 시골 약사로 일한 지 30년이 되었다. 울며불며 처음 이곳에 끌려올 때는 단 하루도 더 있고 싶지 않은 곳이었다. 그런데 어느새 30년 동안 한 자리를 지키고 있다. 인생은 한 치 앞도 알 수 없다는 말을 새삼 실감하게 된다. 만약 처음부터 '여기서 평생 일하고 살아야 한다'고 했다면 가능했을까? 그랬다면 분명 얼마 버티지 못하고 도망쳤을 것이다. 잠시 있는 곳이라는 생각으로, 램지 부인처럼 내일은 날이 맑아져서 등대에 갈 수 있을 거라는 기대로, 하루하루를 보냈기에 가능했다.

    램지 부인은 결국 등대에 가지 못하고 죽음을 맞이했다. 살아있을 때 그녀는 항상 모든 이들이 화합하기를 원했다. 때로는 그런 행동이 억지스럽게 여겨졌고, 그녀의 죽음으로 모두가 흩어지며 그녀의 바람도 사라지는 듯 보였다. 그러나 사라진 것은 그녀의 육체뿐이었다. 그녀는 사랑하는 모든 이들의 마음에 살아있었다. 방황하는 그들의 등대가 되어 분열된 마음을 향해 한 줄기 빛을 보냈고 결국 그토록 바라던 화합을 이루어냈다.

    돌아보니 나의 등대도 멀리 있지 않았다. 바로 지금 있는 '이 장소'와 내가 하고 있는 '이 일'이 맑은 날이 되면 그토록 가고 싶었던 등대였다. 하지만 안타깝게도 첫눈에 알아보지 못했다. 솔직히 말하면 따뜻한 눈길 한 번 제대로 주지 않았다. 내게 주어진 운명이 이런 시골구석에 마련되어 있을 리가 없다고 생각했다. 적어도 내 등대라면 저 높은 곳에서 화려한 불빛을 비추어야 한다는 오만함으로 가득 차 있었다. 호시탐탐 그 불빛을 찾으러 밖으로 눈을 돌리고 손과 발을 뻗쳤다. 그러나 번번이 부메랑처럼 제자리로 돌아와야 했다.

그때는 미처 몰랐다. 등대의 불빛은 누가 비춰주는 것이 아니라, 바로 내가 만들어 가야 한다는 것을. 오지에 있는 작은 등대라도 누군가의 길을 환히 비출 수 있다는 것을. 나는 넘어지고 부딪치고 흔들리면서 먼 길을 돌아 뒤늦게 이 진실을 깨달았다. 마치 오랜 시간 찾아 헤매던 파랑새가 바로 집 안 새장에 있었다는 것을 알아차린 순간처럼. 고맙게도 파랑새는 날아가지 않고 묵묵히 나를 기다리고 있었다.

삶은 여기에 정지해 있다.
- 버지니아 울프, 『등대로』(리커버), 민음사, 2020, 231

함께 지내며 늘 지켜보고 있던 화가 릴리에게 영속성에 대한 계시를 준 램지 부인의 말이다. 삶이란 거창한 정의가 필요하지 않았다. 소소한 일상을 성실히 살아가며, 그 순간을 영원한 것으로 만들어가는 것이 바로 삶이다. 때로는 폭풍우가 불어닥쳐 위태로운 순간도 있지만 그럼에도 포기하지 않고 '지금, 이 순간'을 우리는 살아가야 한다. 힘든 시간을 지나고 나면 고통과 아픔과 분노는 떨어져 나가고 그 자리에 새살이 돋아 전보다 더 단단한 내면이 만들어진다. 떨어져 나간 상처 조각도 그냥 사라지지 않는다. 영양분이 가득한 거름이 되어 풍성한 나무로 자라게 해준다.

> 우리가 지금껏 지나온 모든 삶과 앞으로의 모든 삶은 나무들과 물들어 가는 이파리들로 가득할 거예요.
>
> - 버지니아 울프, 『등대로』(리커버), 민음사, 2020, 167

지금껏 지나온 삶과 앞으로의 모든 삶이 묻어난 이파리 가득한 나무가 햇살 속에서 반짝이며 환한 미소를 짓고 있다.

작가노트 | 송미향

    저 멀리 살아온 삶이 빚어낸 나무가 어렴풋이 보입니다. 초록 이파리가 무성하게 자랐는지 보려고 까치발을 한 채 목을 길게 빼고 눈을 가늘게 떠봅니다. 아직 이파리가 달리지 않은 마른 가지가 듬성듬성 보이는군요. 여전히 부족함이 많은 나무이지만 예전처럼 불안하거나 초조하지 않습니다. 앞으로의 삶이 묻어날 이파리가 남았음을 알기 때문입니다.

    설혹 남은 이파리가 없다 해도 괜찮습니다. 아무리 작고 앙상한 나무라 할지라도, 작은 이파리 하나를 맺기 위해 얼마나 애쓰며 살았는지, 고전 속 인물들을 통해 알게 되었거든요. 삶 자체가 뭉클하고 아름다운 선물이라는 것도요.

    이렇듯 '나 자신'을 바로 보게 해주고, 그 속에서 빛을 찾게 해주는 고전이 곁에 있음에 그저 감사할 따름입니다. 여러분에게도 고전이 건네는 따스한 위로와 격려가 닿았으면 좋겠습니다.

When life gives you lemons, make lemonade.

문춘희

책을 자발적으로 좋아하지는 않지만, 더 나은 삶을 살아가고 싶은 욕망이 있다. 그 욕망을 원동력 삼아 쉽지 않은 책읽기를 생각학교ASK의 도움으로 꾸준히 이어가고 있다.

나름 자생력이 생겨 이제는 금융 프로그램 《돈에서 자유를 만나다》를 진행하며 한 달에 한 권씩 금융책을 읽어내고 있다.

나는 돈에서 자유를 만나기 위한 시간을 만들기 위해 건전한 정신건강이 필요하다고 생각하고, 정신건강을 위해선 운동이 필요하다고 생각한다. 운동의 다양성으로 삶을 에너지를 불어넣으여, 내 삶을 즐기며 살아가는 사람이다.

재무플랜 4주 과정 : 《돈에서 자유를 만나다》 프로그램 진행
블로그 : https://m.blog.naver.com/gigo2
인스타 : https://www.instagram.com/moon.chuni

삶의 여유를 찾아가는 여정, 안톤 체호프를 만나다

41세의 젊은 나이에 쓰인 체호프의 희곡들과 마주하고 있다. 그의 작품들은 희극과 비극의 경계를 자유롭게 넘나들며, 삶의 본질을 연극적인 요소로 구현해 낸다. 체호프를 읽으며, 희곡이라는 장르가 가진 깊이와 그 매력을 새롭게 발견하게 된다.

희극에 대한 나의 동경은 그리스의 아리스토파네스로부터 시작되었다. 이어 영국의 셰익스피어는 삶을 다각도로 조망하는 여유와 통찰을 가르쳐주었다. 체호프는 또 다른 방식으로 내게 다가온다. 그의 작품은 잔잔한 일상에서 드러나는 인간의 희로애락을 선명히 보여주기에, 삶에 치

일법한 나의 일상에 '그래도 괜찮다. 그게 살아가는 삶이다.'라고 힘을 준다.

뮤지컬 학과를 지망한 아이는 대본을 연구하고 또 연구한다. 한때 함께「갈매기」연극을 분석하며 작품에 대해 짧은 이야기를 나눈 적이 있다. "연극인들이 동경하는 멋진 작품이구나! 나중에 기회가 된다면 꼭 한 번 연극으로 보고 싶네."

그렇게 시간이 흘렀다. 어느 날, 인스타그램에서 배우 소유진의「갈매기」에 대한 글을 우연히 보았다. 이순재 선생님이 연출한 연극 작품이었다. 소유진은 멋진 드레스를 입고 맹렬히 연습 중이었다. "「갈매기」가 진짜 유명한가 보네. 이 작품은 누가 쓴 걸까?"

러시아 작가 안톤 체호프의 작품이라는 사실만 찾아보았을 뿐, 거기서 멈췄다. 이 정도면「갈매기」와 체호프에 대한 자발적인 궁금증이 발동되어 읽어봐야 함에도, '그런가 보다,' 하고 시간만 흘려보냈다.

이 모든 호기심의 결과로, 나는 매력적인 미국 작가...

아니, 러시아 작가 안톤 체호프를 만났다.「갈매기」에 낚여 가슴에 품었던 체호프. 2023년 생각학교ASK 고전탐구 클래스에서 그를 살짝 만났지만, 그저 스쳐 지나갔다. 드디어 2024년, '러시아 대문호 톨스토이 다음 작가 안톤 체호프'를 본격적으로 마주했다.

    그가 어떤 작품을 썼는지, 무엇을 하는 사람이었는지도 모른 채 시작한 만남이었다. 체호프는 정말 심플했다. 이렇게 매력적으로 심플할 수 있을까? 그의 단편 희곡 전집은 빨간 벽돌만큼 두꺼웠지만, 각 작품은 내 일상을 그대로 옮겨놓으면서도 새로운 시각으로 세상을 바라볼 수 있게 해 주었다.

「고니의 노래」의 늙은 배우는 연극판에서 앞만 보고 살아온 자신의 현실을 한탄한다. "무슨 영광을 본다고 이 나이까지." 그럼에도 그는 한길만 보고 온 노배우로서 관객의 열광을 받는다.

> 거기 가고 싶지 않아, 안 가! 거기선 나 혼자야…. 나한텐 아무도 없어. 신척도, 마누라도, 자식도 없어…. 들판의 바람처럼 혼자라니까…. 내가 죽어도 누구 하나 기억하지 않을 거야…. 나는 혼자라는 게 무서워…. 난 누구의 사람일까? 누구한테 내가 필요

하지? 누가 날 사랑하느냐고? 어느 누구도 날 사랑
하지않아.

- 안톤 체호프, 「고니의 노래」, 『체호프 희곡 전집』, 시공사, 2010, 49

「큰길에서」의 선술집에서는 결혼한 배우자가 돈을 들고 달아난 뒤, 변호사와 재미나게 살아가는 모습을 그저 바라만 보고 있는 몰락한 지주가 등장한다. 그는 현실을 받아들이지 못한 채 회피하며 술 한 잔을 구걸한다.

> 이걸 알아야 해. 지금 마시지 못한다면, 만일 욕망을 충족시키지 못한다면 죄를 지을 수도 있어. 무슨 일을 저지를지 아무도 몰라! 쓰레기 같은 놈.
> 그들을 사슬에 묶고, 때리고, 죽여. 하지만 보드카는 줘! 자, 제발 부탁드립니다! 정말이지 부탁하네! 몸을 낮추겠네! 아니, 내가 이렇게 굽실거리다니!

- 안톤 체호프, 「큰길에서」, 『체호프 희곡 전집』, 시공사, 2010, 13

「담배의 해독에 관하여」, 「곰」, 「청혼」에서는 강하지 않은 남자들의 모습들이 이어진다. 멋있고 힘 있고 열정적인 남자들이 아니라, 몰락해가는 러시아를 대변하는 남자들이다. 아내의 그늘에 살아가는 공처가, 금방 사랑에 빠지는 젊은 지주, 허약 체질의 소심한 지주 등 당시의 시대

상황이 그대로 녹아 있다.

나도 연극의 객석에 앉아 타인의 삶을 관망하고 싶다. 선술집에서 독한 술 한 잔에 취해 일상을 잠시 벗어나고 싶다. 멋있던 여자와 남자는 어디로 가고, 생활에 찌든 부부로 결혼생활을 이어가고 있는 모습이 마치 내 이야기처럼 그려진다. 관심 있었던 「갈매기」는 아직 만나지도 않았는데 「곰」의 젊은 지주처럼 금세 체호프에게 빠졌다. 삶을 그대로 옮겨놓은 그의 글들 속으로 더 깊이 빠져들고 싶어진다.

"좋아하는 작가가 누구야?" 답할 수가 없었다. 좋아하는 책의 종류도 분명하지 않고, 집중적으로 읽었던 책들도 많지 않아 질문에 매번 나의 한계를 마주해야 했다. 작가의 책을 최소 세 권, 어쩌면 더 많이 읽어야 비로소 좋아하는 작가라 말할 수 있다고 생각했다. 고작 몇 편의 체호프 글을 읽었을 뿐이고, 그와 함께할 여러 달의 시간이 예정되어 있긴 하지만, 감히 "그를 좋아한다. 아니, 좋아하게 될 것이다."라고 표현하고 싶어진다.

살짝 설렌다. 차를 마셔보고, 밥도 함께 먹어보고, 가볍게 산책하며 살아가는 이야기를 체호프와 나누고 싶은 마음이 든다. 그는 아버지의 몰락으로 어렵게 보낸 유년 시절을 보내고, 그럼에도 이어진 공부 덕에 의사가 되었고, 그 과정에서도 계속 써 내려갔던 글들. 그 글들이 그를 희망적으로 살아가게 했고, 의사가 된 이후에도 글쓰기는 멈추지 않았다. 한 편이 되고, 두 편이 되고… 힘든 시대 상황에서도 자신만의 삶을 살아낸 체호프. 이제 나는 그를 만나러 간다.

작가노트 | 문춘희

책을 자발적으로 좋아하지는 않는다. 생각학교ASK 프로그램 덕분에 내가 읽고 싶었던 책을 선택하며 책 읽기를 이어갈 수 있었다. 5년 넘게 책을 읽어올 수 있게 만들어준 이 시스템을 사랑하지 않을 수 없다.

이제는 금융 책, 특히 《돈에서 자유를 만나다》와 같은 재무 플랜을 바탕으로 한 달에 한 권 금융 책을 스스로 선별해 읽어나가는 힘도 생겼다. 개인적으로 매우 의미 있는 결과물이다.

고전에 큰 뜻이 있는 것은 아니었지만, 읽는 책들에 온 힘을 다하다 보니 어느새 내 삶의 주인으로서 자리를 다져가고 있다. 책을 읽는 삶은 분명 힘이 든다. 일상생활도 해야 하고, 시간을 조절하며 책을 읽어야 하니, 가끔은 '왜 이렇게 팍팍하게 살까?'라는 생각이 들기도 한다. 그러나 하지 않는다면, 또 무엇을 할 것인가?

나는 생산적인 일을 가장 흥미롭고 재미있다고 느낀다. 결과물이 바로 나타나지는 않더라도, 책 읽기(특히 고전)는 내 삶의 자양분이 되며, 긴 시간 동안 가장 높은 투자가치를 가진 일이 될 것이라 확신한다.

콩소라

2000년 포항 출생.
2024년 9월 작가의 길을 걷기로 한다.
정해진 대로 살기보다 내면에서 바깥쪽으로 향하는 삶을 지향한다.
귀엽고 반항적인 매력을 담은 인스타툰 「냥굴일기」에서는
느림의 미학을 이야기하고,
포스타입에서 연재 중인 「바닷속 흑백의 빛깔」에서는 자신을 직면하며
정신질환에서 회복하는 과정을 정면으로 마주하고 있다.

이메일 : wkongsoraw@gmail.com
블로그 : https://blog.naver.com/tomybigcrow
포스타입: https://www.postype.com/@kongsora
인스타 : @writerkongsora
X: @wkongsora
Bluesky: @kongsora.bsky.social
Threads: writerkongsora

영혼이 비추는 길을 찾다

 동트기 전의 달빛은 은은하게 길을 비춰주는 등대였다. 밤하늘의 수많은 별들 사이에서도 달은 유독 공평하게 빛을 나누는 존재라 여겨졌다.『피그말리온』을 손에 들고 옥상으로 올라가 삐걱거리는 흔들의자에 몸을 맡겼다. 등불과 달빛에 의지해 책장을 천천히 넘겼다.

 1막은 런던 코벤트 가든에서 히긴스와 일라이자이 만남으로 시작된다. 히긴스는 자신이 언어학적 지식을 바탕으로 사람을 상류층처럼 말하게 만든다고 자부한다. 2막에서 일라이자는 더 나은 삶을 꿈꾸며 자신의 말투를 고치기 위해 히긴스를 찾아간다. 히긴스는 피커링과 내기를 하며, 그녀를 상류층처럼 행동하도록 교정해 주기로 약속한다. 그는 일라이자에게 발음부터 사소한 습관까지 바꾸도록 강요한다. 히긴스의 기대에 부응하면 일라이자는 상류층과 결혼해 성공을 거머쥘 수 있을 것이다.

"공부만 열심히 하면 성공할 수 있어."

나는 어두운 밤하늘처럼 앞날도 알 수 없는 미래가 두려웠다. 나의 달빛은 부모님이 정해준 목표였다. 성공이란 무엇인지 깊게 생각해 본 적도 없이, 그저 그 달빛을 좇아 어둠을 헤치며 달려갔다.

중학교에 입학하고 처음 치른 시험에서 전교 80등을 했다. 학년 전체에서 상위 30% 정도에 해당하는 성적이었다. 부모님은 크게 기뻐하셨지만, 그 기쁨은 잠깐이었다. 곧이어 전교 50등을 요구하셨다. 쉽지 않았지만, 어떻게든 노력했다. 시험 기간에는 잠을 줄이고 참고서를 통째로 외우며 달렸다. 그렇게 2학년이 되자 전교 30등까지 올랐다. 부모님은 이번이 마지막이라며 10등을 기대하셨다. 하지만 그때가 한계였다. 이후로는 성적이 점점 떨어지기만 했다.

고등학교 3학년이 되어서야 다시 마음을 다잡고 공부

에 매진했다. 몸에 배어 있던 습관 덕분인지 성적은 어느 정도 안정권에 접어들었다. 수능 성적표를 받고 원서를 작성할 때가 되었다. 그 무렵 나는 뇌과학에 흥미를 느껴 심리학과에 진학하고 싶었다. 하지만 이름 있는 대학교의 심리학과에 입학하려면 더 높은 성적이 필요했기에, 비교적 진입 장벽이 낮은 학교를 선택해 지원했다. 나머지 두 군데는 학과보다는 학교 이름만 보고 정했다.

지원한 모든 학교로부터 최종 합격 발표가 난 날, 부모님은 말을 꺼내셨다.

"좋은 대학에 가야 취직이 잘 되고, 그래야 성공하기가 쉬워."

부모님은 내가 가장 명망 높은 대학교에 입학하기를 원하셨다. 심리학과는 적성과 맞지 않다며, 생계를 위해 취업이 잘 되는 학과를 선택하라고 설득하셨다. 나는 그 말에 반항하지 않고 그대로 따랐다. 돌이켜 생각해 보면, 부모님의 뜻에 따르면서 고민 없이 사는 것이 더 편하다고 여겼던 것 같다. 달이 비추는 길은 안전하고도 익숙했다. 그 길은 가장 쉽게 행복해질 수 있는 지름길처럼 보였다.

3막에서 일라이자는 히긴스의 혹독한 훈련을 묵묵히

견뎠다. 마침내 그녀는 히긴스 부인의 접대 자리에 동행하며 첫 사교 모임에 나섰다. 그 자리에서 일라이자는 상류층으로 완벽히 받아들여졌고, 히긴스의 계획은 성공적으로 끝을 맺는 듯 보였다.

나 역시 이름난 대학교에 입학하며 일라이자의 성공처럼 부모님의 기대를 충족시켰다. 스무 살이 되어 자취를 시작하면서, 나는 부모님 대신 나 자신을 끊임없이 채찍질하는 역할을 떠맡았다. 어려서부터 배운 교훈은 단 하나였다. 남들보다 더 빠르게 달리는 능력만이 행복의 길을 열어준다.

"이제부터라도 제대로 공부해야 해. 더 늦으면 패배자가 될 거야."

그 신념 아래 나는 밤잠을 새우며 공부에 몰두했다. A4 종이에 요약한 학습 내용을 화장실 거울에 붙여놓고 샤워 중에도 눈으로 익혔다. 길을 걸으며 책을 읽는 것도 일상이었다. 그렇게 18학번 전체 80명 중 10등 안에 들었다. 상위 10%만 할 수 있는 교직 이수를 선택했고, 자연스레 선생님이라는 직업을 목표로 삼았다. 교직은 안정적인 전문 직종이었기에 사회적 인정을 받을 수 있었고, 부모님도 흐

못해하셨다.

4막에서 히긴스는 자신이 일라이자를 멋지게 탈바꿈시킨 성공에 기쁨을 느낀다. 하지만 일라이자는 그와는 다른 고민에 빠진다. 그녀는 자신의 정체성에 혼란을 겪으며 묻는다.

"나는 어디로 가야 하는가? 무엇을 해야 하는가? 앞으로 어떻게 될 것인가?"

4학년 때 교생실습을 나갔다. 소심한 성격이었지만 강단에만 서면 이상하게도 말이 술술 나왔다. 첫날은 자신감으로 가득 찼다. 그러나 이내 현실이 나를 흔들기 시작했다. 다음 날부터 수업 시간에 쏟아지는 돌발 질문들에 당황했고, 결국 선배 교생과 지도 선생님께 도움을 요청해야 했다. 밤을 세워 준비한 수업이었지만, 학생들은 간식 같은 보상이 있을 때만 집중했다. 그런 모습을 보며 회의감이 밀려왔다.

쉬는 시간에도 부족한 잠을 보충하느라 담당 반 학생들과 친해질 겨를이 없었다. 나 자신에게 물었다. "이대로 선생님이 되는 게 맞는 걸까?" 그러나 이미 멀리 와버렸다. 교직 이수를 포기한 동기들은 무역, 금융, 항공 등 각자의 진로에 맞는 대외활동과 인턴 경험을 쌓아가고 있었다. 반면, 학과 공부에만 매진했던 나에게는 선택지가 점점 좁아지고 있었다.

임용고시를 준비하면서 상황은 더 팍팍해졌다. 경쟁자들은 교환학생이나 어학연수를 다녀오거나, 아예 외국에서 살다 온 이들이었다. 매일 타인과 자신을 비교하며, 계획한 공부 시간을 채우고도 '조금 더 할 수 있었는데...'라며 자책했다.

5막에서 일라이자는 히긴스에게 반기를 든다. 자신을 상류층으로 만들어 상류층과 결혼하게 하려던 히긴스의 계획에 더는 따르지 않겠다고 선언한다. 그리고 그를 떠난다. 일라이자는 자신을 진심으로 사랑하는 프레디를 결혼 상대로 선택하며 자신의 길을 걷기 시작한다.

반년 동안 임용고시 공부에 매달리던 어느 날, 갑작스럽게 숨쉬기가 어려워졌다. 마치 물속에 빠져 질식하는 듯한 느낌이었다. 호흡이 점점 가빠졌고, 독서실만 가면 그런 증상이 나타났다. 몸이 아파 공부를 못 하게 되자, 이상하게도 마음은 오히려 가벼워졌다.

하지만 부모님은 그런 나를 놓아두지 않았다. "공무원

준비를 해라." 그 말에 따라야 했지만, 나는 아프다는 핑계를 대며 대충 시간을 흘려보냈다. 위태로우면서도 나름 평화로웠던 그 시절, 우연히 읽은 책 한 권이 내 삶을 뒤흔들었다. 권해창 작가의 『내일은 날씨가 좋을지도 몰라』였다. 그 책을 덮은 후, 문득 이런 생각이 들었다.

"나도 내 이야기를 소설로 써보면 어떨까?"

그렇게 공황장애로 힘들었던 기억을 끄집어내 소설로 탈바꿈시켰다. 하지만 막상 다 쓰고 보니 두려움이 엄습했다. "이 글이 내 가까운 사람들에게 상처를 주지는 않을까?" 고민 끝에 용기를 내어 자비로 제본한 원고를 자주 가던 포항의 슬로어 북카페로 가져갔다.

심장이 두근거리고 얼굴이 화끈거렸다. 떨리는 손으로 사장님께 원고를 건넸다. "읽어봐 주실 수 있을까요?" 사장님이 원고를 넘기는 모습을 몰래 엿보며 공부하는 척했다. 얼마 후, 그녀의 감탄 섞인 목소리가 들려왔다. "어머, 어떻게 이런 소설을!" 인생 첫 독자의 소감이었다. 그 순간, 내 안에서 숨죽이고 있던 영혼이 처음으로 빛을 발했다. 그리고 나에게 말을 걸었다.

"나, 더 많은 독자를 만나고 싶어. 더 많은 사람이 내 글을 읽어주면 좋겠어."

탁. 책을 덮는다. 어느새 옥상에는 여명이 밝아오고 있었다. 다른 곳에서 반사된 빛으로 나를 유혹하던 가짜 별들은 모두 사라지고, 온 세상을 비출 만큼 강렬한 빛을 내는 진짜 별이 떠오르고 있었다. 나는 온몸으로 그 빛을 받아들이며 환희에 휩싸였다. 진정한 빛을 향해 낯선 발걸음을 내디딘다.

차르륵. 이제 새로운 막이 열린다.

작가노트 | 콩소라

　가로등조차 없는 길보다 더 컴컴한 삶을 걸어야 할 때가 있습니다. 때로는 다가오는 내일조차 외면하고 싶은 날도 있지요. 하지만 그런 날에도 하늘을 바라보면 별은 여전히 떠 있습니다. 내 마음에도 별처럼 빛나는 기억들이 희미하게나마 남아 있듯이 말입니다.

　돌이켜보면, 힘든 생활 속에서도 소소한 행복의 순간들이 있었습니다. 시험이 끝난 날, 집으로 가던 길에 사 먹었던 치킨 한 마리처럼요. 작고 소박한 그 기억들이 제 마음에 작은 빛으로 남아, 지금까지 걸어올 수 있는 힘이 되어주었습니다. 그리고 앞으로도 그럴 거라 믿습니다.

　해가 뜬 날만 이어지는 마법 같은 삶을 만들 수는 없을 겁니다. 하지만 그 어두운 길을 밝히는 별빛 같은 깨달음들을 이 글에 담아보았습니다. 제가 검고 하얀 글자로 엮어 낸 이 이야기가 혹시라도 당신의 어두운 길 곁을 밝혀줄 수 있다면, 그저 고맙고 기쁜 마음입니다.

　이 글이 당신께 한 줄기 빛이 되기를 바랍니다.

유혜정

일상 속에서 가치와 의미를 발견하는 재미에 푹 빠져 살고 있다.
사형제의 엄마이지만, 살림도 하수고 육아도 하수다.
아이들의 내면 성장을 응원하는 것에는 고수이고 싶다.
20대와 30대의 찐한 연대감을 바탕으로, 대학교 상담센터와 온라인,
대면상담을 하는 상담심리사이다.
작은 공간인 '마음을 누이다 심리상담센터'를 운영하고 있다.

이메일 : zzibeyou@hanmail.net
블로그 : https://m.blog.naver.com/zzibeyou

성장통을 함께 한 존재와 더불어 살기

　초등학교 시절의 일이다. 그때는 지금처럼 학원에 다니는 친구들이 많지 않았기 때문에, 하교 후 아이들은 학교 운동장이나 거리, 혹은 친구 집에서 놀곤 했다. 학교 앞 오락실 주인의 딸, 윤희는 나와 친한 친구였다. 그날은 윤희네 집에서 놀기로 한 날이었다. 나를 비롯해 몇몇 아이들이 윤희네 집으로 갔다.

　윤희네 집의 구조는 다른 집과는 차이가 있었다. 거리에 나 있는 문을 통해 오락실을 지나 안쪽으로 들어가면, 윤희네 집으로 이어지는 작은 마당이 나온다. 마당 한쪽에는 작은 수돗가가 있었다. 그 마당을 지나면 윤희네 집 현관으로 들어가는 문이 있다. 현관이라고 하기에는 너무 작은 문을 열고 들어서면 바로 주방이 보이고, 그 안쪽으로는 긴 복도와 방들이 이어져 있었다. 동굴같이 천정이 낮은 그 집은 오락실을 감싸고 있는 듯한 구조였다. 오락실과 집 사이를 뱅글뱅글 돌아다니는 것이 이 집에서의 작은 재미였다.

윤희는 나에게 독특한 친구였다. 친구들을 초대해 놓고도 잠깐 같이 뛰놀다가 이내 긴 복도 끝방 구석으로 가더니 책더미에 파묻혀 버렸다. 나머지 아이들은 정신없이 놀고 있었지만, 나는 윤희랑 놀고 싶었다. 그런데 윤희는 자꾸만 책을 봐서 점점 짜증이 났다. '뭐야, 쟤. 자기가 놀자고 해 놓고서.'

그 당시 나는 책을 그저 지루한 것, 그리고 친구를 빼앗아 가는 것쯤으로 생각했다. 우리 집에는 책이 없었다. 교과서와 전화번호부 같은 책이 전부였다. 그러니 책이 반가울 리 없었고, 책만 보는 윤희가 야속하기만 했다. 그렇게 나는 책과 친구를 하나로 묶어 기억하게 되었다.

나는 늘 괜찮은 사람이고 싶었다. 생각도 깊었으면 좋겠고 사람들이 나를 좋은 사람으로 여겼으면 했다. 그런

데 어느 순간부터 내가 능력도 없는 것 같고, 사실 그리 좋은 사람도 아니라는 생각이 들었다. 이런 생각이 내 마음을 혼란스럽게 할 때마다 나는 자연스럽게 책을 찾게 되었다. 문장 어디에선가 현재 내 마음과 연결된 문장을 찾고 위로받고 싶었다.

책을 고르는 나만의 방식이 있다. 신문 한구석에 실린 책 서평을 찾아보고, 호기심이 발동하는 책이 있으면 직접 서점에서 그 설렘이 일치하는지를 확인해 본다. 마치 서평가라도 된 것처럼 심사숙고한다. 때로는 직접 좋은 책을 발견하는 즐거움을 누리기도 한다. 이해하고 싶은 개념이 있거나 내 생각과 비슷한 문장을 찾기 위해 서점을 어슬렁거리는 것이다. 후루룩 책장을 넘기다 내 마음과 연결되어 '찌릿'하고 신호를 보내는 문장을 발견하는 순간이 있다. 그 책은 내 이야기가 되어 살아 움직인다. 그러고 나면 전체 이야기가 너무 궁금해서 책을 사게 된다. 적극적인 독서를 하게 된 셈이다.

이런 독서법은 내 인생에 큰 영향을 끼쳤다. 사춘기가 끝날 무렵은 물론이고, 전업주부로 있을 때, 새로운 일을 시작할 때 등 정체된 인생을 새롭게 업그레이드해 주는 원동력이 되어주었다. 고전 읽기를 시작하기 전, 나는 주로

신앙 서적이나 마음 관련한 책들을 좋아했다.

독서 권태기가 찾아올 때도 있었다. 30대 중반쯤, 나는 책뿐 아니라 모든 글자를 읽고 싶지 않았다. 배를 타거나 버스를 탈 때 멀미가 나는 것처럼, 텍스트를 보면 멀미가 나는 증상이 생겼다. 거의 3~4년 동안 광고지나 전단조차 읽을 수 없었다. 그때를 돌이켜보면, 내 주변 상황에 압도되어 있었던 것 같다. 감당할 수 없는 무수한 자극들로 나는 감정적 번아웃 상태가 되었다. 그 시기 만난 텍스트들은 나에게 아무런 의미 없는 기호처럼 느껴졌고, 생명력이 없었다.

그런 텍스트들은 오히려 내게 부담을 주었고, 급기야 나는 책을 상대로 화를 내기 시작했다. 마음의 문을 닫고 싶었다. "네가 말하는 의미를 알아채지 않을 거야." 나는 회피하고 싶었다. 그렇게 나는 책들과 잠시 이별했다. 사실 책에게 화가 난 게 아니라, 나 자신에게 화가 났다는 사실을 그때는 깨닫지 못했다.

텍스트와의 이별은 내게 필요한 고요함을 주었다. 나는 마치 겨울잠을 자는 동물처럼 내면의 동굴 속에서 깊은 잠을 잤다. 그러다 어느 순간, 은근슬쩍 서점을 기웃거리기 시작했다. 동굴 밖에서 새가 지저귀는 소리를 어렴풋이 들었나 보다. 그러던 중 집 근처 길가에 자리한, 두 팔 벌려 나를 환영하는 서점을 만나게 된 것이 계기가 되었다.

늘 개인적인 지적 호기심과 흥미에 따라 책을 고르던 내가, 고전을 접하기 시작한 것은 40대 후반부터다. 세상과 사람을 대하는 나의 시야가 담에 걸려 경직된 근육같이 느껴졌기 때문이다. 변화가 필요하다는 것을 본능적으로 감지했다. 나의 가장 중요한 취미인 독서를 통해 선택하는 기준을 바꿔보기로 결심했다. 책도 편식하지 않고 영양가 있게 섭취하고 싶었다.

고전으로 만난 텍스트는 그 깊이가 완전히 달랐다. 익숙한 단어의 조합이지만 전혀 새로운 의미로 다가왔다. 평면적인 느낌으로 끝나는 것이 아닌, 모든 방향이 자유로이 공간화되는 느낌이었다. 내 생각은 사방으로 뻗어나가며 무한히 펼쳐졌고, 입체적으로 변모해 갔다.

마음이 단단해지는 느낌이었다. 때로는 난해한 문장과 방대한 양에 압도되기도 했다. 그러나 인내심을 갖고 내 경험에서 이해할 수 있는 만큼만 받아들이려고 노력했다. 그 과정은 마치 사우나에서 땀을 흘리고 난 뒤의 상쾌함과 같은, 모순된 감정을 불러일으켰다. 감각이 아닌 생각을 통해 그런 경험을 한다는 것은 놀랍고 신기한 일이었다.

> 젊은이들은 일찍부터 혼자 있는 것을 견디는 훈련을 해야 한다. 이는 행복과 평온의 원천이기 때문이다. 따라서 자기 자신에게 의존하고 스스로 모든 것을 해결할 수 있는 사람이 가장 행복하다.
> - 쇼펜하우어, 『결코 나의 운명을 원망하지 않으리라』, RISE, 2024, 59

인간이 혼자 있는 것을 잘 견디려면, 혈기 왕성한 젊은 시절에 이를 훈련해야 한다고 생각한다. 훈련은 고되고 많은 에너지를 필요로 하기 때문에, '젊음'-그 기준은 사람마다 다를 수 있지만-의 시기에 시작하는 것이 적합하다고 생각한다. 타인에게 지나치게 의존하지 않고, 자신의 결핍에 빠져 허둥대지 않으려면 스스로 중심을 잡고 잘 서는 방법을 알아야 한다.

나의 삶을 돌아보면, 인생을 관통해온 책 읽기가 이러한 능력을 키우는 데 커다란 역할을 했다. 책은 내 정서적 결핍을 채워주고, 단점을 다독여 주었으며, 슬픔과 자책의 늪에서 나를 건져 올려 주었다. 그런 의미에서 고전 읽기만큼 가성비 좋은 일이 또 어디 있겠는가.

작가노트 | 유혜정

　몇백 년간 세계 많은 사람에게 "좋은 책"으로 평가받아 온 책들이 있다. 우리는 그것을 고전이라고 부른다. 고전은 단순히 과거의 작가가 쓴 오래된 글이 아니다. 오랜 세월 동안 세계 사람들에게 좋은 평가를 받는 건 결코 쉬운 일이 아니다. 그런 글을 2024년을 살아가는 우리도 아주 쉽게 접할 수 있다는 것은 큰 행운이다.

　고전을 줄거리만 알고 넘어가는 것은 정말 안타까운 일이다. 그것은 작품과 세상을 빙산의 일각만 보는 것과 같다. 작품에 등장하는 인물, 그들의 대화, 말투가 담긴 글을 읽다 보면, 마치 타임머신을 타고 과거로 돌아간 듯한 기분이 든다. 그러나 책은 친절하지 않다. 우리는 작가가 묘사하는 시대로 돌아가 그가 표현하려고 하는 주제를 보물찾기처럼 찾아야 한다.

　그 과정에서, 시간과 공산의 한계를 가진 우리가 경험의 지평을 확장하는 보물을 발견할 수 있다. 환호성을 지르며 보물을 찾아내기를!

장성남

아침마다 《책방 기억의 숲》으로 출근한다.
책꽂이에 진열된 첫 책, 『기억이 나를 멈추게 한다면』과 눈을 맞추고, 밤새 어떻게 지냈는지 책들과 중얼중얼 대화를 나눈다. 곧 책방 문을 열고 들어올 독서 모임 회원들을 맞을 준비로 분주해진다. 커피 향으로 책방을 채운다.

어느새 창밖은 깜깜해진다. 23년간 바쁘게 살았던 보험회사에서의 시간이 마치 지구 반대편 이야기처럼 느껴진다. 책방 일기를 쓰며 종알종알 수다를 떨다가 하루를 마무리한다.

《책방 기억의 숲》이 지친 영혼들의 쉼터가 되기를 꿈꾸며, 종일 "어린 시절 기억 쓰기 함께해요."를 속으로 외친다.
요즘은 책방 일기를 책으로 엮는 작업을 하고 있다.

블로그 : blog.naver.com/jsn4577
이메일 : jsn4577@naver.com
인스타 : instagram : lifestory__books

다음 모험은 무엇일까?

"나는요, 여유가 되면 종일 도서관에서 책 읽고 싶어요."
 이 말을 내 삶으로 실현하는 데 30년이 걸렸다. 긴 터널이었다.

 손가락 네 개를 바짝 붙이고 손끝을 오므려 두 눈두덩이 위에 얹는다. 촉촉이 스며드는 물기를 지그시 누른다. 기억이 나를 멈추게 한다.

 철길 옆 골목을 나와 신호등 두 개를 건너면 도서관이 나온다. 까맣고 키 작은 아이가 서고 문을 열고 긴 줄로 늘

어선 책장을 살금살금 지나간다. 800번대로 시작된 표를 따라 가운뎃줄로 간다. 고개를 뒤로 젖히고 두꺼운 책등을 따라 눈을 움직인다.

'무슨 책을 읽을까?'
천천히 한 줄씩 제목을 훑는다. 보물찾기하는 아이처럼 책을 빼내어 몇 장 넘겨보다가 다시 꽂고 혼자 히죽 웃는다. 발걸음을 옮기며 긴 책꽂이 골목을 이리저리 옮겨 다니더니 헤르만 헤세의 『수레바퀴 밑에서』를 집어 든다. 도서관 서고에 있을 때만큼은 가난이 아무것도 아니다. 부러울 게 없다. 풀밭에서 꽃마다 옮겨 다니며 꿀을 따는 나비 같다.

나에게 가장 행복한 기억은 도서관에서 묵은 종이 냄새를 맡으며 책을 고르던 학창 시절이었다. 종일 도서관에서 책 읽는 나를 상상하며 언제나 그 순간을 비밀처럼 간직했다. 대학을 졸업하고, 결혼하고, 아이를 키우고, 회사에 다니고, 회사를 쉬고 나서도 그 순간은 오지 않았다. 꿈꾸는 세상에서만 존재할 뿐. 대단히 어려운 일도, 빈 시간이 없었던 것도 아니다. 가슴 속에 도서관이나 책이 자리할 여유가 없었을 뿐이다.

두 눈을 꾹 눌렀던 손을 뗐다. 튼튼한 겨자색 표지에 손가락 두 마디 두께의 책을 덮었다. 고전탐구 클래스에서 3개월 동안 붙들고 씨름했던 호메로스의 서사시 『일리아스』를 마치고 나니 뿌듯했다.

새롭게 비슷한 두께의 연한 옥색 『오뒷세이아』를 펼쳤다. 검정 펜 밑줄이 그어지고, 주황색 펜이 군데군데 동그라미와 네모로 글 상자를 만들었다. 곳곳에 볼펜 글씨가 꽃을 피웠다. 하나, 둘 별이 달리고 물음표와 느낌표가 책을 장식했다. 그해 여름 더위를 잊고 함께 했던 흔적이다.

호메로스의 『오뒷세이아』는 오뒷세우스가 10년간의 트로이 전쟁에서 승리한 후, 다시 10년간의 모험을 거쳐 천신만고 끝에 귀향하는 이야기다. 바다를 떠돌며 모진 고생 끝에 배는 파손되고, 부하들도 모두 잃었지만, 그는 구사일생으로 살아남았다. 어려움 속에서도 지혜와 끈기로 운명을 개척하며 성장한 오뒷세우스는 결국 20년 만에 귀향한다.

책을 떠나 정신없이 살았던 긴 시간은 오뒷세우스가 고향을 떠나 있던 삶을 닮았다. 보험 영업을 하며 두 딸을 키우며 치열하게 살기 바빴다. 쉰 살 어느 겨울날 책을 다시 만났다. 생각학교ASK를 만나 밤새 고전을 읽고 끙끙거리며 서평을 써내고, 토론 시간을 두려워하면서도 다른 사람들 이야기에 귀 기울이며 시간 가는 줄 몰랐다. 30년이란 공백은 부족한 나를 고개 숙이게 했다.

점심밥 앞에 책을 펼쳐두고 새롭게 만난 귀한 책과 뜨거운 상봉의 기쁨을 마음껏 나누었다. 생각학교ASK에서 6년째 쏟아부은 혼신의 정열은 고전을 천천히 곱씹는 훈련으로 이어졌다. 마치 오뒷세우스가 겪었던 10년간의 모험과도 같았다.

지금은 책방을 오픈하고 독서 모임 몇 개를 진행한 지 일 년이 지났다. 회원도 한 명씩 늘고 있다. 다양한 책을 많이 읽지 못했다는 사실에 주춤할 때도 있지만, 지금은 어떤 독서 모임이든 두려움을 뒤로 한 채 진행한다. 여전히 책은 나에게 용기를 내고 힘을 끌어모아야 할 대상이다.

언제쯤 편안해질까? 영원히 없을지도 모른다. 고전은 위대한 작가의 고뇌와 영혼이 숨 쉬는 책이니까. 책방에서 책 향기와 더불어 고전독서 모임 꽃향기가 퍼지고 있다. 책을 제대로 사랑하는 법은 함께 읽는 사람을 더 사랑하는 데서 시작된다는 비밀을 생각학교ASK에서 배운 덕분이다.

인생은 책을 읽는 과정처럼 순탄하지 않았다. 오뒷세우스가 겪은 험난한 모험 10년이, 고전을 잡고 헤맨 시간으로 메꿔진 줄 알았다. 나에게도 새로운 문제가 생겼다. 고향 땅에 무사히 도착한 오뒷세우스도 집안을 쑥대밭으로 만든 구혼자를 제거할 과제가 남았던 것처럼. 딸이 세상을 향해 마음껏 펼치려고 했던 날개가 부러져 돌아왔다.

"살아야 할 의미를 찾을 수 없다"는 딸의 고백은 내 마음을 송두리째 흔들었다. 눈에 보이는 상처나 장기의 이상은 수술을 하거나 약을 먹고 시간이 지나면 낫는다. 마음이 아프고 힘든 만큼 신체의 고통으로 오는 문제는 어떻게 해야 할지 길이 보이지 않았다. 마음 하나만 바꾸면 싹 나을 수 있다는데 상처 입은 마음은 쉽게 아물지 않았다. 아픈 딸을 지켜보는 엄마의 마음은 아무리 강한척해도 맥없이 무너졌다.

표정이 사라진 딸의 얼굴, 반쯤 내리깔리는 눈꺼풀, 유령처럼 하얗게 핏기를 잃다 못해 거무튀튀하게 바뀌는 얼굴, 얼음처럼 차가워지는 몸, 느릿느릿한 행동과 말투, 어린아이 같은 여린 마음, 다리가 저리고 아파 잠 못 드는 밤, 툭툭 저절로 튀는 다리, 바늘이 가득한 통에서 다리를 굴리는 것처럼 아프다며 걷지 못하는 딸, 음식을 쳐다보며 짓는 한숨, 바람에 날릴 것 같은 모습, 왜 살아야 하는지 모르겠다고 눈물을 뚝뚝 흘리는 딸을 본다. 오뚜기 같은 엄마가 되려고 애쓰지만 혼자 있는 시간이면 불안과 악몽에 시달린다.

마음이 무너질 때마다 고전 속 주인공들을 떠올렸다. 그들은 상상을 초월한 고난 가운데 새로운 삶을 창조했고, 아픔은 성숙한 삶으로 승화시켰다. 현재보다 그 너머의 세상 미래를 보게 했다. 오뒷세우스의 아들 텔레마코스도 아버지의 소식을 찾아 험한 바다를 건너는 모험 가운데 슬기로운 청년으로 성장했다. 아내 페넬로페도 구혼자들의 구애와 횡포를 지혜로 버텨냈다. 서로 다른 고난이지만 모험을 정면으로 맞서 함께 이겨내고 명예를 회복했다. 신들의 왕 제우스는 지혜의 여신 아테나에게 말했다.

> 고귀한 오뒷세우스가 언제까지나 왕이 되게 하라.
> 그리하여 그들이 이전처럼 서로 사랑하게 되어 그들에게 부와 평화가 풍만하게 해주어라!
> - 호메로스, 『오뒷세이아』, 숲, 2020, 569

지금은 나도 딸과 함께 어느 캄캄한 동굴에서 괴물과 싸우는 중이거나 세이렌의 유혹을 견디기 위해 돛대에 몸을 단단히 묶고 노래를 듣는 중일 거라 믿는다. 전쟁과 모험이 끝나면 귀향과 영광이 기다린다. 오뒷세우스처럼.

 엄마와 딸을 울린 고통이 선물할 미래를 믿고 인내와 용기를 충전한다.
 '다음 모험은 무엇일까?'
 이 질문이 고전이 내게 준 가장 큰 선물이다.

 어제 딸이 자랑했다.
 "엄마, 김밥 한 줄 다 먹었어."

 책방에서는 벽돌만큼 무거운 책을 다루는 고전탐구 클래스를 만들 생각에 마음이 부풀어 있다. 호메로스의 『오뒷세이아』를 첫 책으로 시작할 그 날이 기다려진다. 한 권, 한 권의 책이 또 다른 인생의 비밀을 푸는 열쇠가 될 테니까.

작가노트 | 장성남

며칠 전 페터 비에리의 『교양 수업』을 토론했다.

『교양 수업』을 읽고 문장 행간마다 필사하고 여백에 중요한 문장을 옮겨썼었다. 또 SNS에 중요한 문장도 올렸다. 4년이 지났지만 이렇게 가까이했던 책이니 특별한 것이 남았으리라 자신하며 책을 펼쳤다.

"아, 이럴 수가!"

당황스러웠다. 기억에 남는 건 행간에 글을 따라 썼다는 게 전부였다. 한숨과 자책을 반복하며 다시 책장을 한 장씩 넘겼다. 그러다 이 문장이 눈에 들어왔다.

"교양인은 책을 읽은 후에 변화하는 사람입니다."

책을 덮고 문장을 음미했다.

삶에서 갑작스레 닥친 절망을 어떻게 해석하고 견뎌야 할지 막막한 순간, 호메로스의 『오뒷세이아』속 주인공의 모험에서 답을 찾고 있는 나 자신을 발견했다. 책 속 문장이 마치 콩나물에 물을 주듯 내 삶에 스며들었나 보다. 콩나물 키만큼 내 키도 자랐다.

When life gives you lemons, make lemonade.

손재현

남들보다 조금 이른 퇴직을 하고
사람과 세상에 대한 호기심으로 여행을 다니면서
늘 가슴이 설레는 삶을 살아가기 위해 노력하고 있다.
건강한 영혼을 위하여 책을 읽고 사유를 나누고
건강한 육체를 위하여 요가와 런닝을 꾸준히 하고 있다.
좀 더 넓은 세상과 소통하기 위해 영어 공부에도 뒤늦은 열정을 쏟고 있다.
포기하지 않고 지속하는 것이 최고의 재능이라는 사실을 깨닫고
서두르지 않고 나만의 속도를 즐기고 있다.
따뜻한 공간, 시골 책방《루체암》의 책방지기로 사람들과 소통하고 있다.

이메일 : ep5622@naver.com
인스타 : luceam_book / jaehyeon5622

패션의 완성은 한 손에 책!

　벌써 해가 지고 어둠이 깔렸다. 초가을 저녁의 공기가 차갑다. 서늘한 바람이 책방 대문을 열고 슬그머니 들어오고 있다. 어두워진 마당을 밝히기 위해 외등을 켰다. 우두키니 서서 기다리고 있던 바람의 손을 잡고 안으로 들어와 보이차를 끓이기 시작했다. 주전자에 물을 채우고 커피 추출기 점검도 끝냈다. 대문 너머에서 기다리던 차 소리가 들린다. 희미하던 빛이 사라지고 차 문이 열린다. 잠시 후 익숙한 얼굴이 대문 안으로 들어온다. 환하게 웃는 그녀의 양손이 무겁다.

시작은 순탄하지 않았다. 함께 책을 읽고 싶다는 나의 제안에 모두 고개를 갸우뚱하면서 의심의 눈길을 감추지 않았다. 녹록지 않은 일상에 대한 당연한 반사작용처럼 그녀들은 계속 머뭇거렸다. 하지만 나는 포기하지 않았다. 고전을 조금 먼저 읽어 온 시간 덕분에 알게 된 새로운 삶의 기쁨들을 철석같이 믿고 그녀들을 향한 사랑이라는 이유로 지독하고 끈질기게, 쉽게 돌아올 수 없는 화살을 겨누었다. 과녁은 적중했다.

아직도 첫 시간을 잊을 수 없다. 책을 읽고 이야기를 나누는 경험이 처음인 사람들이 모인 자리였기에 두근거리는 설렘과 함께 크기를 가늠할 수 없는 두려움도 있었다. 어렵게 마련한 자리인데 혹시 미숙한 진행자 때문에 고전에 대한 실망을 먼저 하게 되는 건 아닐까? 괜히 같이 하자고 했나? 내 주제에 무슨? 뒤늦게 찾아온 여러 가지 생각 때문에 그동안 참여했던 그 어떤 토론보다 더 많이 긴장되고 떨렸다.

본격적으로 책을 읽기 전에 "왜, 우리는 어려운 고전을 읽어야 하는가?", "어려운 책은 어떻게 읽어야 하는가?" 등 그동안 배우고 익힌 것들을 끄집어내 먼저 진지하게 나누고, 깊은 공감을 만들었다. 숙련되지 않은 초보 진행자와 햇병아리 독자들은 운명인 듯 그렇게 고전의 깊은 바다에 겁도 없이 풍덩 뛰어들었다.

벌써 1년이 훌쩍 지났다. 그녀들과 함께 읽은 책들이 차곡차곡 쌓이고 있다. 아무것도 하지 않았다면 아무 일도 일어나지 않았을 그 시간에, 그녀들과 함께 어려운 고전들을 읽으며 많은 시간을 보냈다. 쉽게 넘어가지 않는 어려운 문장들과 씨름하며 머리를 쥐어뜯는 일이 생기고, 이해되지 않는 난해한 텍스트를 만났을 때는 책 대신 자신에 대한 원초적인 원망으로 힘들고 속상한 시간이 계속되었다. 자주 "이 모임이 지속될 수 있을까?"라는 의심이 들었다.

고전古典이 고전苦戰이 되었던 시간들. 하지만 혼자가 아니라 함께였기에 그 힘은 강렬했다. 어렵고 힘들었으나 포기하지 않고 함께 나누었던 시간 덕분에 고전 속 고난의 문장들은 서서히 일상 속으로 스며들어와 드디어 함께 웃고 함께 울게 되었다. 그렇게 책 속 문장을 만나 일상에서 다양한 의견들을 쏟아내고 공감하면서 어두운 밤을 환하게 밝히고 서로의 가슴을 설레게 했다. 책을 읽고 어떤 말을 해야 할지 모르겠다고, 절대로 자신에게 말을 시키지 말라던, 그러나 이제는 토론 중에 누구보다 활발하게 자신의 의견을 내는 M은 아파트 쓰레기장에 버려진 고전 『안나 카레니나』(레프 톨스토이)를 발견하고 "미쳤나? 감히 이런 책을 버리다니!"라는 싸늘한 한마디를 남기고 그 책을 품에 소중히 안고 집으로 돌아온 사연을 환하게 웃으면서 이야기할 정도가 되었다.

> 내 기억 속에 오래도록 여운을 남겼던 이들을 찾아보고 진정 의미 있었던 시간의 대차 대조표를 만들어보면 틀림없이 어떤 부도 안겨 주지 못했던 것을 발견할 수 있을 것이다.
> 메르모 같은 친구와의 우정, 함께 겪은 시련을 통해 영원히 맺어진 동료와의 우정은 돈으로 살 수 없는 법이다. 비행하던 그 밤, 그 밤 속에 빛나던 십만 개의 별들, 그 고요함, 몇 시간 동안 이어지던 그 절대적인 힘, 이런 것들을 돈으로는 살 수 없다.
> 어려운 구간을 지난 후 나타나는 새로운 세계의 모습, 그 나무, 꽃, 여인, 미소, 새벽녘에 우리에게 막 주어진 생명으로 상큼하게 채색된 이런 것들을, 우리에게 보상으로 주어진 이 사소한 것들의 콘서트를 돈으로는 살 수 없다.
>
> - 생텍쥐페리, 『인간의 대지』, 펭귄클래식 코리아, 2015, 41~42

"우물 안에 갇힌 것 같은 답답함을 벗어나 일상에서 나누는 다양한 경험 속에 진정한 가치가 있는 것은 무엇일까?"에 대하여 진지한 고민이 시작될 때, 고전을 함께 읽고 다양한 생각을 나누는 사람들을 만났다. 어렵다고 외면했던 책들이어서 예상보다 더 힘들었지만, 알 수 없는 두근거림으로 많이 설렜던 긴 시간은 삶에 대하여 스스로 낯선 질문을 하게 만들었다. 그렇게 질문하는 시간이 쌓일수록 조금씩 단단해지는 자신을 만날 수 있게 되었다. 고전을 읽고 토론하는 시간의 절대적인 힘으로 스스로가 많이 단단해지고 있다고 확신하게 되었을 때, 운명처럼 내가 사랑하는 사람들이 떠올랐다.

 삶의 긴 비행 중에 우연한 기회에 만나, 서로의 이야기를 진심으로 들어주고, 소중한 일상을 나누고 있는 사람들. 늘 서로에게 힘이 나는 응원을 해주고 함께 고민해 주는 사람들. 그녀들과 함께 책을 읽고, 공감하고, 나누고 싶은 간절한 욕심이 생겼다. 새로운 세상으로 초대하고 싶은 마음으로, 그렇게 좋은 것은 좋은 것을 끌어당기듯 그녀들을 향했던 구애가 이제는 가을밤을 환하게 밝히고 있다.

 독일의 성직자 토마스 아 켐피스의 인생 명언, '세상 도처에서 쉴 곳을 찾아보았으되, 마침내 찾아낸, 책이 있는 구석방보다 나은 곳은 없더라.'가 너무 잘 어울리는 시골 책방. 지금 이곳은 타인의 시선에서 벗어나 오롯이 자신의 깊숙한 내면으로 들어온 아름다운 사람들로 가득하다. 그들의 끊이지 않는 웃음이, 감탄이, 때로는 절규가 담긴 목소리들이 지치지도 않고 자유롭게 날아다닌다.

    10대에는 친구들이 좋았고, 20대에는 애인이 좋았고, 30대에는 아이가 좋았고, 40대에는 직장동료가 좋았다. 인생의 황금기, 50대가 된 지금은 고전이 좋다. 그리고 함께 읽는 사람들이 좋다. 먼저 읽은 시간의 소중한 경험을 사랑하는 사람들과 함께 나누고, 그들과 다양한 경험을 공유하고 또 공감하면서 삶에 대한 고민을 깊게 가지는 시간은 지나온 삶을 돌아보게 만들어 주었다. 아직 오지 않은 순간을 두근거리는 마음으로 기다리게 해주고 있다.
    고단하고 힘겨운 일상에서 어렵게 틈을 내어, 쉽게 넘어가지 않는 책장을 한 장 한 장 넘기며 함께 보낸 시간은 이제 그 어떤 비타민보다 더 건강한 영양제가 되어 나에게 그리고 사랑하는 그녀들의 몸 구석구석으로 서서히 퍼지고 있다.

    고전을 사랑하는 그녀들과 함께라면 흰머리를 뽐내면서 멋지고 우아하게 늙어갈 자신이 있다. 함께 읽고 싶은, 함께 읽어야 할 책들이 가득한 책장, 그리고 묵직한 고전한 권이 들어 있는 에코백을 든 우리들, 돈으로 얼마든지 살 수 있는 명품 가방이 결코 따라올 수 없는 당당함을 어깨에 멘 모습을 생각하니 저절로 기분이 좋아진다.

작가노트 | 손재현

읽어야 하는데... 시간이 다 되어 가는데...

망설이는 마음과 함께 책을 바라보는 시선이 무겁다. 이해하기 어려운 문장들 때문에 책장을 넘기는 속도도 늦어지고 남아 있는 책장의 수를 자꾸만 헤아린다. 매번 어김없이 반복되는 일이다. 마치 처음이라는 듯이, 하지만 그 순간마저도 이제는 자연스럽게 즐기고 있다. 읽어낸다는 것을 알고 있기 때문이다.

힘들게 반복하면서 쌓이고 쌓인 시간들이 주는 설렘을 알게 된 비법은 단순하다. 그저 견디는 것이다. 포기하지 않고 읽고 또 읽고 함께 나누다 보니 이제는 모든 과정을 스스로 향유 할 수 있게 되었다.

세상에서 가장 가성비 좋은 현명한 선택을 하나만 뽑으라면 바로 고전 읽기가 아닐까?

만약 당신의 인생에서 우연한 기회에 고전을 읽을 기회가 온다면 묻지도 따지지도 말고 꽉 부여잡기를!

When life gives you lemons, make lemonade.

박시은

진부한 것, 당연한 것을 별로 좋아하지 않는다.
그럼에도 이십 년째 진부한 일을 하는 모순 속의 직장인이다.
현재 꿈은 맵시 있는 한량이다.
(그래서) 주말이면 경치 좋은 곳에서 산책하고 책을 읽는다.
햇볕 아래 습작을 끄적이는 여유도 부린다.
개미로 살고 있지만 언젠가는 베짱이가 되길 꿈꾸며 하루하루 열심히 살고 있다.

저　서 :『내 꿈은 퇴사다』
이메일 : parkhm@hanmail.net

빛나는 순간들은 언제나 온다

'지겹다. 외롭다. 불안하다.'

 대부분의 삶은 그럭저럭 살아감에 가깝다. 눈코 뜰 새 없이 바쁘다가, 따분하고 싫증 났다가, 사랑으로 충만한가 싶더니, 고독과 알 수 없는 불안에 초조해한다. 때론 파도처럼 밀려드는 불행에 온몸을 베이고 장렬히 쓰러진다. 세상에 잽 한 번 날릴 기운도 없이 축 처져 일어나지 못한다. 시간이라는 명약에 기대어 조금씩 후, 숨을 고르며 올라온다. 반복이다.
 빛나는 순간들이 과연 오기나 할까? 아니, 있기나 했을까? 돌이켜보면 그런 순간들이 없었던 것은 아니다. 원하는 시험에 합격했을 때, 사랑으로 벅차던 젊은 날, 어여쁜 생명들의 환희.

눈부시게 아름다운 기억들은 파편처럼 박제되어 세포 온몸 하나하나에 쌓여왔다. 그렇지만 찰나일 뿐이다.

나는 둘째 조카를 예뻐했다. 꼬물꼬물 순하고 다정한 어린 생명에게서 많은 위로와 사랑을 느꼈다. 그런 아이는 얼마 전 입대를 했다. 빡빡 밀은 머리를 끝까지 보여주지 않는 까칠함과 서운함을 남기고 국가의 품에 안겼다. 크면서 애를 바꿔치기 당했나 싶기도 하다. 늘 고개는 45도 각도로 삐딱하게 돌아가 있다. 하지만 한쪽으로 쏠린 고개 너머, 그 시절 꼬물이가 쏙 나타나 웃고 있다. 찰나의 행복과 빛나는 순간들은 이렇게 삶과 함께 포개어진다. 위로받고, 사랑하고, 안도하며 꺼내본다. 하지만 지나간다. 서서히 희미해지고 또다시 지겹고 번뇌 가득한 일상을 살아간다.

'이런 수레바퀴 같은 삶이 무슨 의미가 있을까? 빛나는 순간을 일상에서 찾을 수 있을까?'

버트런드 러셀은 『행복의 정복』에서 말한다. 권태를

사랑하고 자신의 삶에 관대해지라고.

권태로움을 죄악으로 여기고 종래엔 나를 탓하던 것들에서 벗어나 조용한 삶을 마주하기를. 고요함을 사랑하고 따분함을 견뎌내는 것이야말로 빛나는 순간을 맞이하기 위한 마중이다. 아무리 다이내믹한 인생이라도 단조로움과 권태를 피할 수 없다. 심심함의 재미를 느낄 줄 알아야 사소한 것에서 즐거움을 느낄 수 있다. 일상이 모순으로 가득한 뻔한 것일지라도, 뻔함 속에서 묻고 답하며 구할 수 있음이 진정 찬란한 일상을 맞는 순간일 것이다.

'이것만 달성하면, 이것만 하고 나면, 이만큼만 돈을 모으면….'

그 뒤에 대단한 무언가가 있을 것만 같았다. 치열한 시간이 지나면 삶이 확 바뀌 있을 줄 알았다. 그러나 모든 것은 지나가는 시간 속 한순간일 뿐이었다. 인생에서 결과가 차지하는 시간은 그리 길지 않았다. 과정이 훨씬 길었다.

한라산의 높이는 1,950m. 우리나라 최고 높이의 산이다. 높은 정상은 헬기가 한 번에 접근할 수가 없다. 심장이 견디지 못해 터져버리기 때문이다. 조금씩 한발씩 내디뎌 몇 시간 뒤에야 속살의 장엄함을 볼 수 있다. 나는 두 번의 도전 끝에 백록담의 영롱함을 만났다. 호기롭기만 했던 첫 번째 도전에서 눈보라와 함께 대피소에 갇혔다. 더는 갈 수 없음에 아쉬웠지만 속으로 쾌재를 불렀다. 다리를 도저히 움직일 수 없었기 때문이다. 지난날을 만회하고자, 다음 도전은 하루에 스쿼트 500개를 하며 준비했다. 네 시간이 넘는 고된 발걸음 끝에 하늘은 백록담을 허락해 주었다. 벅찬 순간을 눈과 사진에 담고, 가지고 간 쓰레기를 짊어지고 다시 일상으로 내려왔다.

내게 등산의 목적은 산 자체가 아니었다. 정상을 오르는 동안 누리는 도전과 정복감, 자연과 나누는 교감, 그 모든 여정 속에서 대견하고 충만해진 내가 있었다. 눈앞에서 컵라면을 엎질렀을 때 세상을 잃은 듯한 절망, 통제로 길목이 막혔을 때 남몰래 지었던 웃음, 끝없는 오르막을 오르며 스스로를 원망하던 절규, 따뜻한 믹스커피 한 잔에 어깨를 짓눌렀던 보온병에 대한 화가 녹던, 수많은 과정들이 마음에 남았다. 힘들었지만 빛나던 추억들은 흐뭇하게 남아 나만의 보석상자가 되었다.

달리기를 하는 순간에도 세상에 모든 자연이 내 것만

같았다. 하늘의 태양도, 발밑에서 일어나는 먼지도, 이름 모를 들꽃조차 나만을 응원해 준다. 행여나 작은 생명을 밟을까 싶어 시선을 발아래 고정하던, 조금은 괜찮은 자신을 만나기도 한다. 으스대며 형용할 순 없겠지만 나를 알아주는 신뢰가 적립되는 순간이다.

「빛나는 순간들은 언제나 온다」라는 제목으로 시작했지만, 삶을 너무 거창하게 바라보지 않으려 한다. 이 길 끝에 황홀한 큰 무언가가 있을 거라는 헛된 희망과 기대를 말하는 것이 아니다. 단지 권태롭고 불안한 일상에 조금 덜 무너지며, 반짝이는 순간들을 복기하는 힘을 가꿔가고 싶다. 조금은 우울하고 조금은 아픈 인생이지만, 결과에 매달리기보다 과정을 충분히 즐기는 사람이 되었으면 좋겠다. 비록 찰나였지만 수많은 인생의 순간들, 비록 찬란함보다는 사소함이 깃들지라도 그 모든 것을 사랑하는 힘을 잃고 싶지 않다.

우리는 모두 자신만의 순간을 살아간다. 평범하게 모인 순간들 속에서 조금은 특별한 순간을 기다리기도 한다. 하지만 삶의 모든 순간이 결정적 순간이듯 다만 시간의 영속성 속 찰나를 지나갈 뿐이다. 힘든 순간도 지나가고 잊히

듯, 삶은 위기에 봉착할 때를 기다렸다가 가장 빛나는 순간을 드러내기도 한다. 붉은 노을이 왔다 간 자리, 어둠으로 채워졌지만 내일이면 환해질 그 모든 순간들은 언제나 우리와 함께 하고 있다.

작가노트 | 박시은

    이른 저녁, 때가 탄 하얀 운동화 끈을 질끈 묶고 밖으로 나섭니다. 같은 시간이지만 계절에 어둑함은 매번 다르게 다가옵니다. 환한 밝음이 한참을 함께 할 때도, 생각보다 빨리 내린 어둠 탓에 서둘러 집으로 돌아올 때도 있습니다. 또 다른 계절이 왔음을 이렇게 알려줍니다.

    자연을 벗 삼아 달리는 길가엔 늘 새로운 아름다움이 저를 응원해줍니다. 양지바른 곳에 비스듬히 퍼진 보라색 제비꽃과 경쾌한 민들레가 머리모양을 이루며 인사합니다. 뜨거운 여름이 별거 아니라는 듯 담담히 견디는 고즈넉한 개망초의 들판을 지나, 고운 메꽃과 귀여운 강아지풀과도 눈을 맞춥니다. 어느 날, 새삼스럽게 목을 길게 뺀 갈대 뒤로 햇빛에 물든 하늘이 뻘겋게 달아오릅니다. 황홀함에 카메라를 꺼내보지만 다 담기지 않습니다.

    이제 또 어떤 정령들이 저를 반길까요?

    순간순간 왔다가 사라지는 모든 순간에서 찬란함을 배웁니다. 아쉽게 떠나보내기도 하고, 설레는 마음으로 다음을 기다리기도 합니다. 조금은 아프고 불안했을 우리의 인생에서, 가끔 그 순간들을 달콤하게 꺼내보시길 소망합니다.

김동환

고전에서 길을 찾고자 《독서공방 므네》를 열었다.
알고 보니 인문 고전은 사람의 흔적과 궤적이었다.
독서 나눔과 함께 생각의 지평을 넓히고 자신의 궤적을 생각하는
봉덕동 동네 사람들과 기쁨의 시간을 보내고 있다.

저   서 : 『우리는 왜 문학 작품을 읽는가?』
이메일 : brusek87@gmail.com

고전에서 찾은 빛으로 향하는 삶

　그만둔 지 꽤 오랜 시간이 지났는데도 여전히 현직에서 일하는 꿈을 꾼다. 시간에 쫓겨 허둥대고 초조해하는 모습. 이게 꿈이라는 것도 알고 실제가 아님은 알지만, 실제 장면처럼 강박감을 느꼈다. 지시가 떨어지면 시간 안에 뭐라도 만들어내야 했다. 갑작스럽게 남편과 함께 들이닥친 손님에게 뭐라도 만들어 술상을 내놓아야 하나 재료가 아무것도 없는 가난한 집 아낙네처럼, 나도 아는 게 없고 가지고 있는 지식이 없었다.

지금은 위상이 상대적으로 낮아졌지만, 1980년대 대구상공회의소는 지역의 두뇌집단이었다. 대동은행 설립, 대구경북연구원과 대구전시컨벤션센터 등 굵직한 프로젝트의 기획을 이끌었다. 당시에는 지식과 자료의 보고처럼 느껴졌던 곳이었다. 아쉬운 소리를 하며 얻어온 자료로 기본 골격을 만들고, 살을 붙여 겨우 완성했던 기억이 난다.

이런 일로 인해 지식과 앎에 대한 열망이 싹트고, 지성의 곳간을 채우고 싶은 지적 충동이 일었다. 의무적 근무기간이 끝난 후, 나의 두 번째 인생은 독서와 예술을 가까이하며 지내고 싶었다. 그런 마음이 몇 년간 묵혀지다가 대구 봉덕동에 《독서공방 므네》를 개설하게 되었다.

누구에게나 삶의 전환점이 있다. 그 전환점이 어떤 모습으로 다가올지 자신은 알 수 없다. 《독서공방 므네》 개설은, 한때 지식을 구걸했던 경험이 수치로 여겨진 내면의 동기로부터 만들어졌다. 처음엔 취미 수준을 벗어나지 않았다. 그러나 이곳에 지역민들이 모이고, 생각학교ASK의 조그만 거점이 되었으며, 문화예술인들이 모여드는 공간으로 변모했다. 그것이 내 전환점이 아니었을까 하는 생각이 들었다.

독서만큼 넓은 스펙트럼을 가진 분야도 없을 것이다. 읽기를 좋아하는 사람도, 책 표지가 예뻐서 구입하는 사람도, 전집류로 벽을 장식하는 사람도, 취미는 독서다. 친구의 지인이 달서구 어딘가에 북 카페를 열었다며 함께 가보자 했다. 별 기대도 하지 않았지만, 차라리 안 갔더라면 좋았겠다고 생각했다. 여러 집에서 끌어모은 책들이 정리도 안 된 채 서가에 꽂혀 있었고, 실내는 비지성적 소란스러움만 가득했다. 이처럼 책이라는 것은 다양한 목적을 가진 사람들의 필요조건은 될 수 있어도, 지성을 위한 충분조건은 되기 어렵다는 생각이다.

《독서공방 므네》만의 정체성이 필요했다. 이 시대는 연간 6만여 권이 넘는 다양한 종류의 책이 출간되고 있다. 쏟아져 나오는 책의 홍수에서 므네만의 길을 찾아야 했다. 삶의 변화를 가져오며 생각의 깊이를 더할 수 있는 책이 어떤 것인지를 생각했다. 오랜 세월 읽히고 검증된 '생각의 대가'들과 대화하고 토론할 수 있는 고전의 공간으로 방향을 결정했다.

헤밍웨이의 『무기여 잘 있거라』에 나온 한 문장이 떠올랐다. "사랑을 하면 그 대상을 위해 뭔가 하고 싶어지는 법이

죠." 고전을 읽고 지성을 사랑하며 삶을 사랑하게 된 경험이, 그로 인해 스스로 변화하고 가족들에게도 변화의 물결이 퍼지는 것을 지켜볼 수가 있었는데 멋진 몇 가지 사례들을 실명을 숨긴 채 소개하고자 한다.

므네에서 함께 고전을 읽는 이가 점점 아름답게 변해가는 모습에서, 지난 사 년의 시간이 간단한 개인 취향의 수준을 넘어섰음을 확인하게 되었다. 다년간 유지해온 가벼운 모임을 고전 클래스로 전환했다. 최근 작고한 스코틀랜드인 수산나 선생에게 영어를 배울 요량으로 NIV 성경책으로 진행하던 모임이었다.

첫 모임 전날, 잠을 설칠 정도로 생각학교ASK에서 체험한 고전의 감동을 나눌 마음으로 벅찼다. 이제 우리가 고전이라는 새집으로 이사를 왔으니, 이전의 가벼움을 벗어나 진중한 태도가 필요했다. 토론 규칙도 세웠지만, 여전히 친목적인 성격에서 크게 벗어날 수 없었다. 시사 이야기와 개인의 일로 수다를 떠는 소란스러운 모임이었다. 진행자는 사담으로 빠지는 분위기를 책으로 돌리려고 애썼다. 하지만 만성화된 태도를 완전히 바꾸기가 쉽지 않았다. 한때 나 역시 한 통속이 되어 떠들곤 했다. 그러다 굳어있는 그들의 태도를 바꾸기 어렵다는 절망감에 빠지기도 했다.

이런 절망감은 오래가지 않았고 반전의 놀라운 이야기를 들었다. 얼마 전, 일본으로 취업차 떠나는 독서클럽 멤버의 아들을 출국 전에 인사차 므네에서 만났다. 건강과 무운을 비는 어른들의 덕담에 아들은 이렇게 대답했다.
"여러 선생님들, 정말 감사합니다. 우리 어머니 책을 읽게 해주셔서 감사하고요, 덕분에 어머니가 얼마나 많이 변했는지 모릅니다."
젊은이의 말에 나는 놀랐고, 그간의 경솔한 생각을 자책했다. 변화가 없는 것이 아니었다. 고전 독서는 사람을 변화시키고 있었다.
그 순간, 메리 앤 섀퍼의 『건지 감자껍질 파이 북클럽』이 떠올랐다. 이 책은 독일군 점령하의 영국 건지 섬 사람들 이야기다. 위험을 모면하기 위해 둘러댄 독서토론이 진짜로 시작되었고, 암울한 시간을 책을 읽으며 웃고 울고 분노하며 마음을 열고 서로를 위로했다. 므네 독서 모임도 마찬가지였다. 뒤죽박죽으로 진행되는 듯했지만, 모인 이들의 마음은 시간의 흐름과 함께 마법처럼 변해가고 있었다.

젊은 여성이 문을 열고 므네에 들어왔다. 약간 주저하

는 모습이었다. 그녀는 소개받았다면서 독서회에 와도 되겠느냐고 조심스레 물었다. 책은 읽고 싶으나 집중이 잘 안 되어 대신 여행을 자주 간단다. 그녀가 물었다.

"고전을 읽으면 무엇이 바뀌나요?"

적당한 즉답이 빨리 떠오르지 않았다. 잠시 고민하다가 말했다.

"사업하시죠? 때로는 비즈니스 상대의 의중을 알 수 없을 때가 더러 있지 않던가요? 고전을 읽다 보면 기만과 진정을 구별하는 힘이 생겨요."

이 말이 그녀에게 와닿은 듯 보였다. 그녀는 이별의 아픔과 가족 돌봄이라는 삶의 무게에 눌려 힘들어 보이는 분이었다.

그렇게 독서 모임에 참여한 지 일 년이 넘었다. 요즘 그녀는 발언의 빈도가 높아졌고, 이전보다 훨씬 자유로워 보인다. 삶이 힘들다는 것은 여전히 변하지 않는 상수다. 그러나 그것을 바라보는 그녀 자신은 바뀌었다. 볼 때마다 얼굴이 밝다. 읽고 토론하는 시간만큼은 낯선 세계에 머문다. 그리고 힘을 얻어 일상으로 돌아간다. 토론할 때 크게 뜬 그녀의 궁금한 눈과 자주 마주친다. 고전에 푹 빠져있음이 틀림없다.

그녀가 떠올리게 한 문장은 서머싯 몸의 『달과 6펜스』에 나온다. 명석한 의사 아브라함은 출세의 길을 포기하고 열악한 땅을 선택한다. 상대적 덕을 본 카마이클은 속물스러운 냄새가 물씬 풍기는 말을 내뱉는다.
"사람이 자기 인생을 그렇게 망쳐버린다면 어처구니없는 일 아닌가."
인생의 진정한 의미를 다시 생각하게 만드는 문장이다.

한 남자는 두 아들을 홀로 키운다. 평소 정신 수양에 관심과 조예가 깊었다. 불교철학과 명상에도 일가견을 가지고 있어서 함께 고전 읽으면 상호 도움이 될 것 같아 읽기를 권했다. 실용서 중심의 독서를 하던 그는 처음엔 문학에 대해 대수롭지 않게 여기는 듯 했다. 그러나 시와 소설을 함께 나누며 점차 깊이 빠져들기 시작했다. 실용서에서는 발견할 수 없는 은유와 패러독스, 풍자 등의 문학의 장치들은 그에게 마법 같은 황홀감을 서사했다. 그는 돌아길 수 없는 강을 건넜다. 깊은 내면을 건드리는 고전 문학의 세계로 들어왔다. 아버지가 사준 문학 전집이 변색된 모습으로 장식의 역할만 한 채 벽을 차지하고 있었는데, 이제 그는 그 책들을 계속 읽는다.

놀랄만한 일은 그 이후다. 그의 두 아들도 함께 책을 읽는다. 게임을 즐기던 아들이 변하고 있다. 『일리아스』를 읽고 『레 미제라블』을 읽으며 재미있단다. 문고판을 볼 나이인데도 벽돌책을 읽는단다. 매일 아들들의 질문이 새롭게 바뀌고 있다. 그는 자신의 고전 독서가 만들어낸 '즐거운 부작용'을 매주 우리에게 자랑삼아 알려준다.

그가 언급한 책 중 하나는 생텍쥐페리의 『야간 비행』이었다. 그 책에서 대중의 모습을 비추는 한 문장이 떠올랐다.

"정원에 새로운 장미꽃이 돌연변이로 생겨나면 정원사들은 야단법석을 떤다. (중략) 하지만 인간을 위한 정원사는 하나도 없다."

아이는 어른의 뒷모습을 보며 자란다는 말처럼, 그의 독서 여정은 두 아들에게도 고스란히 전해졌다.

밤잠을 잘 이루지 못하는 한 남자가 있다. 창작의 피로와 불면의 괴로움이 얼굴에 나타나 있다. 책을 읽긴 하지만, 완독보다는 영감과 직관을 얻기 위해 읽는 편이다. 사회적 관계도 매우 제한적이라고 고백한다. 그러나 함께 고전을 읽고 토론하면서 그의 다독이 느껴지고, 토론하는 관점도 남다르다. 고전 토론 덕분인지 최근 불면에 대한 애로를 들어본 적이 없다.

어릴 적 매우 영민했던 소년은 집안의 기대가 몹시 무거웠다. 타인의 과중한 희망은 성장기에 어두운 생채기를 남기기 쉽다. 고전 독서를 통해 마음을 열게 되었고, 토로하는 자기 연민과 아픔이 창작의 불쏘시개로 승화되었다. 몇 번의 시집 발표가 그의 역량과 변화를 느끼게 한다. 고전 독서 모임을 최고의 모임이라며 덕담을 건넨다.

고전을 읽고 생각을 한다는 것은 단순한 독서가 아님을 체험한다. 어두운 곳에서 빛으로 나오는 것과 같다. 고전 독서는 시간이 있어서 책 읽는 것이 아니라 시간을 만들어 읽는다.
"고전 독서 모임이 아니었더라면, 언제 완독한 기억을 가질 수 있었을까요?"
모임을 마치고 돌아가는 그들의 뒷모습을 본다. 일상의 칙칙한 어둠의 세계에서 고전을 가까이 하는 빛의 세계로 나온 모습이 아름다운 아우라처럼 보인다.

니콜로 마키아벨리도 직을 잃고 변방에서 낮에는 생계를 위해 온갖 궂은 일을 하며 살아갔다. 그러나 밤에는 단정한 차림으로 고전의 작가들과 만나 자신의 성찰을 정리했다. 정치학의 고전 명저『군주론』이 바로 이렇게 탄생했다.

작가노트 | 김동환

고전을 새 책으로 다시 읽는다. '어, 이런 내용이 있었나? 어째서 이렇게 생소하게 보일까? 혹시 읽지도 않고 읽었다고 착각한 걸까?' 그러나 분명히 읽은 것 같다. '너는 기억하지도 못할 책을 뭐 하러 읽었으며, 지금 왜 또 읽으려는 거지?'

그때 파트리크 쥐스킨트가 대신 대답해준다.

"너는 네 삶을 변화시켜야 한다."

그렇다면 변화는 어떻게 알 수 있을까?

삶의 현상에서 제일 먼저 느낀다. 눈빛이 부드러워지고, 타인을 이해하려는 노력이 보인다. 자신의 모습을 객관적으로 바라본다. 발화하는 언어가 겸손과 겸양으로 변한다. 지난 일 년간 므네오프라인 독서를 통해 나는 이런 변화를 체험했다. 읽은 내용은 시간이 경과함에 따라 잊히지만, 읽고 나누는 그 순간부터 생각의 뇌에서 화학적 변화가 일어난다는 것을 깨달았다.

오늘도 우리는 즉흥적이고 감각적인 즐거움의 유혹을 뒤로한 채 '지루한 고전'을 손에 잡는다. 책 속에 담긴 새로운 세상으로 여행을 떠난다. 일상과 무지의 어두움에서 빛의 세계로.

이서윤

매일 은퇴를 꿈꾸는 34년차 직장인이다.
지금은 글쓰기로 은퇴를 준비하고 있다.

주요 저서
『아무튼 지치지 않도록』
『그림책을 활용한 감정코칭』(공저)
『생각을 여는 창』(공저)

이메일 : leeseoyun0813@naver.com
인스타 : daily_writing_365
블로그 : https://blog.naver.com/leeseoyun0813

때로는 문학이 삶을 위로한다

 딸은 친구의 권유로 독서 모임에 나갔다. 어떤 책을 토론하는지 물어도 딸은 대답을 얼버무렸다. 그러다가 그 친구가 갑자기 연락을 끊더니 모임에 나오지 않았다. 딸은 친구가 다시 올 거라는 희망으로 계속 모임에 참여했다. 그런 어느 날 딸 친구의 엄마라는 낯선 여성에게 연락이 왔다. 불길한 예감을 안고 약속 장소로 나갔다. 그녀는 딸이 이단으로 불리는 종교에 발을 담근 지 삼 년이 넘었다고 말했다. 직장까지 그만두고 딸을 감시했지만, 교인들이 계속 찾아오는 바람에 경찰에 신고까지 하게 된 자신의 힘든 상황을 털어놓았다.

남의 말을 잘 믿는 딸은 이단 종교의 포섭 대상이었다. 딸은 친구가 돌아오지 않자, 그 모임에서 빠져나왔다. 졸업을 앞둔 딸은 왜 그런 위험한 곳에 발을 담근 것일까. 아이의 불안한 눈빛이 내 마음속으로 스며들었다. 딸이 다른 세계에서 위로를 찾고 있다는 것을 알았을 때, 엄마로서 딸의 공허함을 메워주지 못했음을 깨달았다.

딸의 성장 과정이 희미한 파노라마처럼 스쳐 지나갔다. 태어난 지 두 달밖에 안 된 아이를 언니에게 맡기고 직장에 나가던 날이 떠올랐다. 언니가 인근 신도시로 이사 가는 바람에 아이도 그곳으로 함께 보냈다. 금요일 저녁 집에 데려와 일요일 늦은 밤 데려다주었다. 주말 동안 온전히 아이와 시간을 보내면 육아에 지치고 힘들 때가 많았다. 아이를 맡기고 돌아오는 길에는 한 주 동안 못 보는 아쉬움보다 육아에서 해방된 안도감이 더 컸다.

아이가 초등학교 4학년쯤이었다. 아침에 배가 아프다는 아이를 학교에 보냈다. 통증은 멎지 않았고, 주말을 넘긴 후 큰 병원에서 곧바로 수술실에 들어갔다. 맹장이 터지기 일보 직전이었다. 그동안 자신의 아픔을 고스란히 혼자 감당한 아이의 모습이 마음에 걸렸다.

그해, 직장과 가까운 곳으로 이사를 했다. 남에게 먼저 다가가는 성격이 아닌 딸에게 전학은 새 친구를 사귀기 쉽지 않은 환경이었다. 성적표를 받아들고, 왜 이것밖에 못하냐며 아이를 다그쳤다. 그렁그렁한 눈빛으로 울음을 삼키는 아이였다. 딸은 대학 입학과 자퇴 그리고 전공과목을 바꾸면서 또래보다 삼 년이나 늦었다. 졸업을 앞두고 진로 결정 등 고민을 털어놓고 이야기할 데가 많지 않았다. 그럴 즈음 힘든 마음을 비집고 들어온 게 동아리 친구였다.

딸에게 왜 혼자 끙끙 앓으며 말하지 않았는지 물었다. 자신의 문제를 스스로 해결하고 싶었단다. 딸의 속마음은 그게 아니라는 것을 잘 안다. 목표지향적인 나는 과정보다 결과를 중요하게 생각했다. 서툰 아이를 이해하고 기다리는 것보다 질책이 앞장섰다. 딸을 마주하면 과거의 나를 보는 것 같았다. 나는 결핍이 많은 사람이었다. 이십 대부터 지금까지 무언가를 끊임없이 채우려 애쓰며 살았다. 딸만큼은 남에게 뒤처지지 않기를 바라는 마음이 간절했다. 하지만 아이를 몰아붙일수록 마음의 상처는 눈덩이처럼 불어났다.

제인 오스틴의 『이성과 감성』은 기질이 전혀 다른 두 자매 이야기다. 언니 엘리너는 이성적이고 감정을 잘 드러내지 않는 성격이고, 동생 매리엔은 사랑과 이별에도 깊이 몰입하는 감성형이다. 딸의 성격은 매리앤과 비슷했다. 그 닮음에 대한 연민 때문인지, 나는 이 책을 특히 관심 있게 읽었다. 그동안 우리는 이성과 감성이라는 두 입장에서 팽팽한 줄다리기를 해왔다. 수많은 갈등과 화해를 반복하며 보낸 지난날을 떠올리면 후회스러운 순간이 많다. 우리는 둘 사이의 적절한 균형을 찾기 시작한 이후로는 그럭저럭 잘 지내왔다.

그러다가 또 한 차례 쓰나미 같은 파도가 닥쳤다. 올해 초 여름, 딸은 첫 직장을 구했다. 새롭고 낯선 환경에서 적응하느라 하루하루가 힘겨워 보였다. 그럴 때마다 나는 직장이란 원래 치열한 곳이라며 참고 다니라는 말만 반복했다. 결국 딸은 다니던 직장을 그만두고 새로운 일자리를 찾기 시작했다. 그즈음 딸은 한여름의 시든 꽃처럼 점점 말라갔다. 체중이 20kg이나 빠졌다. 창백한 낯빛은 점점 웃음을 잃어가더니 제 방에서 나오지 않았다. 외출한 딸에게 전화를 해도 받지 않았고, 문자를 보내면 숫자 1이 사라지지 않았다. 그럴수록 무슨 일이 생긴 건 아닌지 가슴이 조마조마했다. 가시 박힌 손가락에 눈길이 가듯 내 마음은 온전히 딸에게로만 향했다.

딸은 그 누구보다 상심이 더 컸을 것이다. 나는 그런 마음에 공감하지 못한 엄마였다. 그 시기 내 마음은 희망이 꺼져가는 불꽃처럼 불안하게 너풀너풀 춤췄다. 졸업 이후 취업이나 할 수 있을지, 남들처럼 평범한 삶을 살 수 있을지, 두려움은 또 다른 걱정을 데려왔다. 그런 불안 속에 나는 잠을 제대로 잘 수 없었다. 어떤 날은 가위에 눌려 내가 지르는 소리에 놀라 잠에서 깨어났다. 천둥 같은 후회가 들이닥치면 엉겨 붙은 멍울 같은 것이 치밀어 올랐다. 그런 날은 어김없이 어떤 서러움에 복받쳐 꺼이꺼이 울었다. 거센 비바람에 흔들리는 나무처럼 나는 점점 중심을 잃어갔다.

그러던 중, 헤르만 헤세의 『삶을 견디는 기쁨』이 힘든 시간을 보내는 내게 큰 위로가 되었다. 작가는 질곡 많은 인생을 살지 않았다면, 그런 책을 쓸 수 없었을 것이라고 말한다. 불안과 두려움을 껴안고 써 내려간 글들을 읽으며, 나는 그의 발자취를 따라가 보았다. 고통과 행복은 늘 어깨를 나란히 한다.

> 고통은 고통 그 자체로 머물면서 절대 우리를 떠나지 않는다. 그것은 아픔과 괴로움을 주지만 극복할

> 힘도 준다. 그렇게 얻은 힘은 고통을 보살피고, 아픔을 연습하며, 새로운 힘을 얻는다. 고통은 저항할수록 아픔을 주고 도망치려고 할수록 쫓아온다. 그러니 도망치지 말고, 변명하지 말며, 무서워하지 말라.
>
> - 헤르만 헤세,『삶을 견디는 기쁨』, 유혜자 옮김, 문예춘추사, 2024, 109

어둠 저편에서 딸이 허우적거릴 때, 내가 할 수 있는 유일한 일은 기다림이었다. 엄마가 흔들리면 자녀는 더 흔들린다. 내가 마음의 균형을 잡아야 했다. 소란스러운 만남을 줄이고, 내면의 나를 따라갔다. 헤르만 헤세가 고통은 축복을 향한 긴 여정이라면서 응원의 손길을 내밀었다.

두 달이 지났다. 이제 딸은 조금씩 마음의 빗장을 열기 시작했다. 어느 날, 먼저 내게 말을 걸어오는 딸의 눈빛을 보면서 내 마음에도 가느다란 빛줄기가 스며들었다. 아이가 세상에 태어난 첫날처럼 기쁘고 벅차올랐다. 딸은 내게 견디는 힘을 가르쳐 주었다. 그리고 때로는 문학이 삶을 위로한다.

> 행복과 고통은 우리의 삶을 함께 지탱해 주는 것이며, 우리 삶의 전체라고 할 수 있다. 고통을 잘 이겨 내는 방법을 아는 것은 인생의 절반 이상을 산 것이

라는 말과 같다. 고통을 통해 힘이 솟구치며 고통이 있어야 건강도 있다. 가벼운 감기로 인해 어느 날 갑자기 푹 쓰러지는 사람은 언제나 '건강하기만'한 사람들이며 고통받는 것을 배우지 못한 사람들이다. 고통은 사람을 부드럽게도 만들고, 강철처럼 단단하게도 만들어 준다.

- 헤르만 헤세, 『삶을 견디는 기쁨』, 유혜자 옮김, 문예춘추사, 2024, 67

세상의 모든 꽃이 봄에만 피는 것은 아니다. 한여름 땡볕 더위를 견디고, 늦가을이 되어야 비로소 꽃망울을 터트리는 꽃들도 있다. 주말 아침, 집 근처에는 국화 축제가 한창이다. "오늘이 가장 예쁜 날", "지금 여기서 행복할 것", "인생은 아름다운 선물"이라는 주제를 내건 포토존과 플라워 카트, 보라색 아스타 국화를 비롯한 가을 국화꽃들이 사뿐히 내려앉아 각자의 자리를 지키고 있다. 저 꽃들도 여기에 오기까지 많은 아픔과 시련을 견뎠겠지.

구름 한 점 없이 푸른 하늘 아래, 선선한 바닷바람이 속삭이듯 곁을 스쳐 지나간다.

작가노트 | 이서윤

나이 든 나무는
바람에 너무 많이 흔들려 보아서
덜 흔들린다.
- 장태평 시인, 「나이 든 나무」

    지나온 내 삶의 궤적을 톺아보았다. 삶의 대부분은 도전과 실패 그리고 좌절의 연속이었다. 어떤 날은 바람에 흔들리고, 어느 날은 폭우에 떠밀리며 지냈다. 그러다가 가끔 햇볕이 쨍쨍 내리쬐는 날도 있었다. 바람에 너무 많이 흔들려 보아서 덜 흔들리는 나무처럼, 나도 삶의 중심을 잡아야겠다. 행복과 고통은 늘 공존한다는 사실을 다시금 마음에 새기며.

When life gives you lemons, make lemonade.

이영숙

자이언트 인증 라이팅 코치
(사)한국아동문학회 동화 등단
경남아동문인협회 사무차장
경남기독교 문인회 회원
함안문협 회원
하브루타 코칭 지도사

주요저서
『아라가야 별빛속으로』동화
『마더』,『나는 매일 글을 씁니다』공저
『시집 필사하다 시인이되다』공저

이메일 : goodstar@hanmail.net
인스타 : goodstar23180
블로그 : https://blog.naver.com/80leeys

고전의 강물에서 나를 찾다

점심 장사를 마친 오후 4시.

겨우 한숨 돌릴 브레이크 타임, 시어머니가 출출하셨는지 짜장면을 먹고 싶다고 하셨다. 얼마 지나지 않아 배달이 왔다. 물을 가지러 갔다가 테이블로 돌아온 나는 입을 벌린 채 우두커니 섰다.

공중에 떠 있는 짜장면 그릇.

시아버지의 한 손은 면발을 움켜쥔 채 수영하듯 휘저었고, 다른 한 손은 당신의 고집스러운 성격처럼 단단히 주먹을 쥐고 있었다. 시아버지는 김치냉장고 쪽으로 몇 발자국

움직이더니, 그 위로 짜장면 면발을 던졌다. 찰나의 고요가 흘렀다. 그리고 시아버지가 대뜸 소리쳤다.

"몇 번을 말했노! 식탁 위에 아무것도 올리지 말랬지! 집안이 깨끗해야 복이 들어온다고 그리 말 안 했나! 너저분하게 아무거나 올려놓지 좀 마라!"

불같은 목소리가 실내를 가득 채웠다. 시아버지는 5년 전 알츠하이머로 진단을 받고 약을 드시고 있다. 나와 시어머니는 할 말을 잃은 채 멀뚱히 서로를 바라보았다. 잠시 후 시아버지는 아무 일 없었다는 듯 아래층으로 내려갔다.

순간, 고요했다. 냉장고에서 웅웅거리는 소리가 희미하게 들릴 뿐, 집안은 깊은 적막에 휩싸였다. 숨소리마저 조심스러워 가슴 한 켠에 서늘한 쓸쓸함이 내려앉았다. 저녁이 되자 거실은 어둠에 잠겼다. 불을 못 켜 답답했지만 어쩔 수 없었다. 시력이 약해져 조명을 켜면 눈이 아프다는 시아버지 때문이었다.

그날 밤.

우당탕!
큰 소리가 났다.

옆 방에서 주무시던 시어머니는 벼락이라도 떨어진 줄 알고 깜짝 놀라 시아버지 방으로 달려갔다. 시아버지는 홀로 화장실에 가려다 침대에서 일어서던 중, 바닥의 물기를 밟아 대차게 넘어지신 모양이었다. 침대 옆 탁자에 눈두덩이를 세게 부딪히셨는지 얼굴은 황소개구리처럼 퉁퉁 부어 있었고, 여기저기 피멍이 들어 있었다. 그런 모습을 보니 가슴이 미어졌다.

"어떻게 이런 일이…" 하는 탄식이 저절로 흘러나왔다. 평범하게 불만 켜두었더라면 이런 사고는 없었을 텐데, 우리 모두 마음 한편이 무너지는 듯했다. 가족들은 이런 사고가 반복될까 하는 불안감에 사로잡혔고, 무거운 침묵 속에서 서로의 표정을 살폈다.

다음 날.

점심 장사 시간이 다가오자 우리는 작은 소리에도 신경이 곤두섰다. 시아버지가 낮잠 중에 깨어 또 넘어지진 않을까, 고래고래 소리를 지르거나 수습하기 난감한 행동을 하면 어쩌나 하는 걱정이 머릿속을 떠나지 않았다. 시어머니는 예약 전화를 받으면서도 틈틈이 아버지 방을 확인했다.

"배고프다! 나를 굶길 셈이냐!"

성난 목소리가 울려 퍼질 때마다 내 안에 감춰둔 감정들이 조금씩 갈라지기 시작했다. 가슴 한구석에 쌓아놓은 무언가가 금방이라도 무너질 것 같았다. 사소한 소리에도 온몸이 반응했고, 하루하루가 언제 끊어질지 모를 줄 위를 타는 심경이었다. 겉으론 아무렇지 않은 척 웃었지만, 그 웃음은 점차 억지스러워졌다. 다잡으려 해도 금세 무너지는 마음. 반복되는 하루 속에서 나를 잃어가는 듯한 불안감이 몰려왔다.

'나는 누구지? 지금은 모든 게 혼란스러워...'

늪에 빠져 허우적거리는 꼴이었다. 출구가 없다. 나는 그 자리에서 맴돌고 있었다. 마치 사춘기 소녀처럼 해답을 찾으려 애쓰고 있었다. 화장실 거울에 비친 얼굴은 내가 알던 얼굴이 아니었다. 낯선 모습이었다. 지친 마음과 피곤함은 의욕을 앗아갔다. 기계적으로 올라간 입꼬리에는 생기가 없었다. 어색하게 만들어진 미소. 생각하는 법을 잊었다.

생각이 엉켜 갈피를 잡을 수 없었다. 머릿속이 복잡할수록 무언가에 기대고 싶었다. 답답한 마음을 달래려 베란다로 나가 창문을 열었다. 매일 반복되는 현실이, 시아버지의 고집스러운 행동이, 그것을 말리려 애쓰면서도 어찌할 수 없는 무력함이 나를 짓눌렀다.

시어머니는 그런 상황 속에서도 묵묵히 새벽 장을 보시고, 시아버지 밥상을 정성스럽게 차리셨다. 매일 아침저녁으로 약을 챙겨 드리고, 설거지를 하며 신혼 시절 이야기를 꺼내곤 하셨다. 나는 설거지보다 그 이야기에 더 집중했다. 그날의 피곤함은 따뜻한 차 한 잔과 함께 녹아내렸다. 그렇게 우리는 과거와 현재의 교차섬에서 서로의 삶을 이해하기 시작했다.

아픔은 나를 흔들었지만, 동시에 새로운 길을 보게 했다. 나는 더 이상 일상의 무력감과 반복 속에서 스스로를 잃지 않기로 결심했다. 그때 내 손에 헤르만 헤세의 소설『싯다르타』가 우연처럼 다가왔다. 주인공 싯다르타의 고뇌가 내 마음을 흔들었다. 그의 여정은 내가 느꼈던 공허함과 닮아 있었다. 삶에서 잃어버린 무언가를 찾으려 애쓰는 모습이 마치 내 이야기 같았다.

싯다르타는 강물과 함께 있었다. 강물은 끊임없이 흘러가며 그의 모든 고뇌를 받아들였다. 삶의 고통과 기쁨, 공허함과 평화가 모두 강물 속에 담겨 있었다. 강물은 그에게 말했다.

"흐르라, 멈추지 말아라. 모든 것은 흘러가는 것 속에서 본질을 찾을 수 있다."

나는 그의 여정을 따라가며 내 안에서도 흐름이 시작되는 것을 느꼈다. 싯다르타가 세속적 쾌락과 일시적 행복으로 채워지지 않는 공허함을 느꼈던 것처럼, 나 역시 매일의 반복 속에서 잃어버린 자신을 찾고 있었다. 하지만 그는 강물 속에서 깨달음을 얻었다. 그 깨달음이 내게도 작은 빛으로 다가왔다.

> 당신도 이미 강물로부터, 아래를 향하여 나아가는 것, 가라앉는 것, 깊이를 추구하는 것이 좋은 일이라는 것을 배웠어요.
> - 헤르만 헤세, 『싯다르타』, 민음사, 2002, 153

싯다르타가 내게 묻는다.
"넌 지금 어디로 흘러가고 있니?"

이 질문은 내가 가고 있는 길이 옳다고 답변해주는 듯했다. 시련에 휩쓸리는 것이 아니라 강물에 따라 흘러가는 게 삶임을 받아들이는 순간, 내면의 평화를 찾아왔다. 진정한 자유가 내 안에서 시작됐다.

물론 현실은 변하지 않았다. 여전히 나는 바빴고, 시아버지의 고집스러운 행동은 계속되었다. 하루의 끝에는 지친 몸으로 밀린 집안일을 마무리해야 했다. 그러나 나는 더 이상 흔들리지 않았다. 나는 다짐했다.

"강물처럼 살아가리라. 흘러가는 모든 순간을 받아들이며, 내 안의 진리를 찾아가리라."

『싯다르타』는 내 삶을 비추는 거울이었고, 나를 단단하게 만드는 지침서였다. 막힘없이 흐르는 강물과 힘께, 나는 나다운 삶을 만들어가고 있다.

작가노트 | 이영숙

 펜을 들고 글을 쓸 용기를 내본다. 한 문장을 채우니, 삶을 사랑할 기회를 얻었다. 미처 도달하지 못한 다음 한 문장을 채우니, 예측할 수 없는 미래로부터 자유로워졌다. 불안했던 마음은 잦아들고, 그저 쓰는 순간에 충실할 수 있는 여유가 찾아왔다. 글을 통해 오늘을 온전히 살고, 내 안의 목소리에 귀 기울일 수 있는 힘을 발견한다.

 고전을 읽고 사유하는 여정 속에서, 그 안에 깃든 수많은 목소리들이 내게 와 문장이 되었다. 고전의 언어가 속삭인다.

 "너의 언어로 나를 이야기하고, 너의 방식으로 사유하라."

 그 속삭임에 응답하듯, 오늘도 나는 한 조각의 삶을 고전에서 찾는다.

 펜과 종이가 손에 있다면, 지금 이 순간을 기록하라는 울림이 들려온다. 완벽할 필요는 없다. 돌멩이 하나하나를 쌓아 돌담을 이루듯, 나는 오늘도 한 조각의 삶을 글에 담는다. 언젠가 이 조각들이 모여 이야기를 품은 마을이 될 거라는 꿈이 있다. 혼돈 속에서도 희망을 놓지 않는 마음으로, 내일을 걸어가며 오늘도 고전을 펼치고 펜을 든다.

When life gives you lemons, make lemonade.

이미하

2020년, 캄보디아에서의 경험을 담은 첫 책 『오십 질문을 시작하다』를 출간했다. 2024년 10월, 캄보디아로 건너와 현재 수도 프놈펜에서 거주 중이다.
생각학교 북마스터로서 국내 온라인 독서 모임과 프놈펜 독서 모임을 운영하며, 책을 통해 사람들과 소통하고 함께 성장하는 시간을 만들어가고 있다.
캄보디아 교민지에 정기적으로 글을 기고하며, 현지 독서 문화를 보급하고 확산시키기 위해 힘쓰고 있다. 또한, 개인 블로그와 페이스북을 통해 일상과 생각을 기록하며, 독자들과 지속적으로 소통하고 있다.
앞으로의 꿈은 캄보디아에서 책방을 열어, 현지 사람들에게 독서 문화를 전하고 책을 통해 새로운 가능성과 희망을 함께 나누는 것이다.

이메일 : mhchrist@naver.com
페이스북 : https://www.facebook.com/lee.miha.5
블로그 : https://blog.naver.com/mhchrist
카카오톡 : kru5110

한 마리 반딧불이가 되어 캄보디아로

두 가지 빛

우리는 모두 빛나는 삶을 살아가길 원한다. 그 빛이 내 삶의 의미를 비추길 바라면서. 빛을 말하는 두 가지 방식이 있다. 하나는, 스포트라이트를 받으며 화려하게 드러나는 빛이다. 세상의 주목을 받으며 찬란히 빛나는 모습. 그러나 그와는 다른, 더 조용한 빛이 있다. 바로 반딧불이가 어둠 속에서 스스로 만들어내는 은은한 빛이다.

스포트라이트는 무대 위의 주인공을 비춘다. 사람들이

주목하고, 박수를 보내는 가운데 그는 가장 눈에 띄는 빛나는 존재가 된다. 그러나 스포트라이트는 꺼지고 무대는 끝난다. 박수와 환호는 사라지고 짙은 어둠과 적막감에 잠긴다. 스포트라이트 빛이 사라져 버림과 동시에 자신의 빛도 꺼져버리고 만다.

반면, 반딧불이는 누구의 주목도 받지 않지만, 어둠 속에서 스스로 빛을 만들어낸다. 그 빛은 작고 눈부시지 않다. 그러나 고요하고 은은하게 주변으로 퍼져나간다. 언제든 내면에서 피어나기에 환호나 박수갈채가 없어도 지속될 수 있다. 그저 자신이 존재하는 그곳에서 자신만의 독특한 리듬을 따라 빛을 발하며 주변을 밝힌다.

스포트라이트를 쫓아

인생이라는 무대 위에서 스포트라이트를 받으며 빛나는 존재로 살고 싶었다. 학창 시절, 열심히 공부해서 우등생이 되었다. 부모님은 나를 자랑스러워하셨고, 주변 사람들은 효녀라며 칭찬했다. 대학 선택의 시기, 장애아들을 보살피는 특수교사가 되고 싶었다. 엄마는 왜 고생길을 자처

하느냐며 반대했다. 엄마를 실망하게 하고 싶지 않았다. 내 꿈을 접고 지방의 명문대 영문과로 방향을 틀었다. 엄마는 만족해했고, 사람들은 명석한 딸이라며 칭찬했다.

대학 졸업 후, 직장에 들어갔다. 상사의 인정을 받기 위해 개인사를 제쳐두고 일에 몰두했다. 상사의 기대에 부응했지만, 시간이 흐를수록 그 기쁨은 사라지고, 회사의 소모품으로 변해가는 자신을 보게 되었다. 결국, 3년 반 만에 지쳐 퇴사했다.

이십 대 후반, 나를 사랑하고 이해해 주는 남자와 결혼했다. 건전지의 음극과 양극이 만나 불이 켜지듯, 결혼이 나의 삶을 환하게 밝혀줄 것이라 기대했다. 오해였다. 독박 육아와 맞벌이의 현실, 시댁과 친정을 동시에 신경 써야 하는 삶 속에서 내 빛은 점점 희미해졌다. 어두운 심연 속으로 빠져드는 나를 비추어 줄 스포트라이트는 어디에도 없었다.

F. 스콧 피츠제럴드의 『위대한 개츠비』는 1920년대 미국의 부유한 사회를 배경으로, 주인공 개츠비가 첫사랑 데이지를 되찾으려는 과정을 그린 이야기이다. 개츠비는 데

이지와의 재회를 위해 명성과 부를 쌓으며 세상의 스포트라이트를 받는다. 하지만 그토록 원했던 데이지의 진정한 사랑은 그의 것이 되지 못했다. 허무한 꿈을 붙잡은 그는 결국 쓸쓸한 죽음을 맞는다.

> 그는 마치 한 줄기 바람이라도 잡으려는 듯, 그녀가 있어 아름다웠던 그 도시의 한 조각이라도 간직해 두려는 듯 필사적으로 손을 뻗었다. 그러나 이제 눈물로 흐려진 그의 두 눈으로 바라보기에는 도시는 너무 빨리 지나가고 있었다.
> - F.스콧 피츠제럴드,『위대한 개츠비』, 민음사, 2018, 216

개츠비가 진정으로 바라던 것은 스포트라이트가 아니었다. 사랑과 의미, 그리고 영혼을 채우는 진정한 빛이었다. 나 역시 마찬가지였다. 남들의 기대에 맞춘 삶은 나를 빛나게 해주지 않았고 공중의 바람을 잡으려는 것처럼 허망한 것이었다.

나를 찾아온 반딧불이

어둠 속에서 길을 잃은 듯한 기분으로 차를 몰고 있었다. 문득 저 멀리 아른거리는 불빛이 눈에 들어왔다. 그 빛은 한 건물 2층에 걸린 '클래식 북스'라는 간판에서 새어나오고 있었다. 작은 등불을 따라가는 사람처럼 그곳으로 향했다. 문을 열고 들어선 순간, 아! 어둠 속에서 반짝이는 수많은 반딧불이를 마주한 듯했다. 서가에 빼곡히 꽂힌 책들이 작은 빛들처럼 나를 반기고 있었다. 그 작은 빛들이 나를 부드럽게 감싸며, 오랫동안 잊혀진 꿈들을 속삭였다. 내 안에 웅크리고 있던 문학소녀가 깨어났다. 한 권, 두 권 책을 손에 쥐고 책장을 넘길 때마다, 마음속의 고요한 호수가 일렁이듯 감정이 피어났다. 세상의 스포트라이트는 이제 희미해졌다. 반딧불이의 빛 속에서 나는 다시 나를 찾고 있었다.

내가 찾은 반딧불이들 중 첫 번째는 루이제 린저의 『삶의 한가운데』였다. 이 책은 주인공 니나가 사랑하는 남자와의 관계, 가족의 기대, 사회적 압박 등 여러 갈등 속에서 진정한 자아를 발견하고, 삶의 의미를 찾는 여정을 아름답게 그려내고 있다.

> 나는 할머니를 오랫동안 바라보았어요. 그리고 생전 처음으로 인간이 정신적으로 자신을 구원하지 못하면 삶은 끔찍할 수밖에 없다는 것을 깨달았어요.
>
> - 루이제 린저, 『삶의 한가운데』, 민음사, 2023, 208

니나의 말은 나 자신에게 건네는 경고처럼 들렸다. 자신의 삶을 살려 노력하지 않는다면 결국 남들이 원하는 대로 살아가게 될 뿐이라고. 사람들의 관심을 받기 위해서가 아닌 나 자신의 정신적 삶을 밝혀줄 반딧불이의 빛을 따라갈 용기가 생겼다.

두 번째 내 삶을 밝힌 반딧불이는 존 윌리엄스의 『스토너』였다. 평범한 대학교수 윌리엄 스토너의 조용하고 고독한 삶을 그린 소설이다. 그는 개인적, 직업적으로 큰 성공을 거두지 못하고 주변의 무관심 속에서 살아간다. 그러나 그는 외부의 평가에 흔들리지 않고 끝까지 책과 학문에 헌신하며 자신의 내면적 가치를 지키는 삶을 산다.

> 램프의 불빛이 구석의 어둠에 맞서 넘실거렸다. 그렇게 한참 동안 열심히 바라보고 있으면 어둠이 빛 속으로 모여들어 그가 읽던 책에 나오는 상상의 모습들을 펼쳐 보였다.

- 존 윌리암스, 『스토너』, 알에이치코리아, 2021, 24

    스토너의 고요한 삶은 반딧불이의 빛처럼 작고 은은했지만, 내 삶 전체를 밝혀주었다. 그의 삶은 책과 함께하는 삶으로 나를 이끌었고 지금까지 꺼지지 않는 아름다운 빛으로 내 안에 살아 있다.

    버지니아 울프의 『자기만의 방』은 나를 자유와 창조의 공간으로 이끌어준 또 하나의 반딧불이였다. 그녀는 이 책에서 여성이 주체적이고 창조적인 삶을 살기 위한 조건을 제시한다.

> 여성이 소설을 쓰기 위해서는 돈과 자기만의 방이
> 있어야 한다는 의견을 제시하는 것입니다.

- 버지니아 울프, 『자기만의 방』, 민음사, 2021, 18

    이 단순한 문장이 작은 반딧불이의 빛처럼 가슴에 날아들었다. 지금껏 세상의 시선에 맞춰, 타인의 기대 속에서 나를 정의해왔다. 하지만 울프의 이 책을 읽으며, 나 자신만의 방을 찾아가고자 결심했다.

한 마리 반딧불이가 되어

2009년, 캄보디아로 첫 선교여행을 떠났을 때 그곳 사람들의 순박한 삶과 순수함에 매료되었다. 그때부터 캄보디아를 향한 꿈이 자라나기 시작했다. 캄보디아어를 배우기 시작했고, 2016년에는 한 달 동안 캄보디아 고등학교에서 영어 교사로 봉사했다. 처음엔 막연하기만 했던 캄보디아로 가는 길이었지만, 내가 만난 책들이 반딧불이처럼 모여 그 길을 밝혀주었다. 그 빛들 덕분에 나는 캄보디아로 향하는 길을 더 깊이, 그리고 더 분명히 이해할 수 있었다.

2020년, 나는 그동안의 경험을 담아 『오십, 질문을 시작하다』라는 책을 세상에 내놓았다. 이 책은 내가 품었던 질문들, 그리고 캄보디아를 향한 꿈이 무르익어가는 과정을 담고 있다. 그리고 2024년 10월 4일. 나는 드디어 오랜 꿈을 이루기 위해 캄보디아로 떠났다. 15년간 준비해 온 길이었다.

주변 사람들의 반대는 예상했던 대로였다. 엄마는 "나이 들어서 왜 고생을 사서 하느냐?"며 속상한 눈빛으로 나를 말렸다. 시누이 부부는 "시어머니를 돌봐야 할 며느리가 너무 무책임한 거 아니야?"라며 섭섭함을 드러냈다. "그 험한 곳에서 여자 혼자 어떻게 지내려고?"라는 현실적인 충고도 들려왔고, "굳이 그 힘든 길을 왜 가려 해?"라며 냉소적인 시선도 따라붙었다.

사람들의 시선에 맞춰 또다시 내 꿈을 접고 싶지 않았다. 그간 읽었던 책 속의 문장들이 반딧불이처럼 가슴속에서 날아올랐다. 그 반딧불이들이 모여 만들어준 빛을 따라, 나는 흔들림 없이 내 길을 걸어가기로 결심했다.

이제, 캄보디아에 도착했다. 인생 후반기, 나의 꿈은 이곳에서 작은 책방을 여는 것이다. 버지니아 울프가 말한 '나만의 방'인 그곳에서 캄보디아 사람들에게 독서 문화를 전파하며 진정한 나를 마주하고 싶다. 그 꿈은 마치 반딧불이가 어둠 속에서 작은 빛을 밝히는 일처럼 보잘것없고 미약해 보일지도 모른다. 그러나 나는 니나처럼 정신적 삶의 열정을 포기하지 않고 내가 간직한 작은 빛을 나누고 싶다. 아무도 알아주지 않아도, 속도가 더디더라도, 스토너처럼 소용히 그러나 묵묵히 나아갈 것이다. 나의 작은 빛이 모여 더 큰 빛을 이루고, 결국 이 땅의 어둠을 서서히 밝힐 수 있다면, 그것이 내 삶의 의미가 될 것이다.

작가노트 | 이미하

 이 글을 쓰는 동안 저는 인생의 경계를 넘었습니다. 평생을 살아온 한국 땅을 뒤로 하고, 꿈꾸던 캄보디아로 왔습니다. 수많은 갈등과 불안, 걱정이 제 길을 가로막았지만, 그동안 읽어온 책들이 반딧불이가 되어 어두운 앞길을 밝혀주었습니다.

 책을 읽고 글을 쓰는 일은 쉼 없이 경계를 넘어가는 여정이 아닐까요? 책 속에서, 우리는 내면의 벽을 넘어 지금의 나를 비추어보고, 다른 이의 마음과 삶 속으로 발을 내딛습니다. 그렇게 경계를 넘나들며 마주하는 만남과 경험은 우리를 더 나은 사람으로 성숙하게 만들고, 각자의 자리에서 새롭게 피어날 용기를 불어넣습니다.

 이 글이 독자들에게 경계 너머로 향하는 작은 빛이 되기를, 그리하여 새로운 세상과 마주할 마음을 밝혀주기를, 간절히 희망합니다.

When life gives you lemons, make lemonade.

서른 넘어야 그렇게 알았다
내 안의 당신이 흐느낄 때
어떻게 해야 하는지
울부짖는 아이의 얼굴을 들여다보듯
짜디짠 거품 같은 눈물을 향해
괜찮아

왜 그래, 가 아니라
괜찮아.
이제 괜찮아.

- 한강, 「괜찮아」 중에서

삶이 레몬을 준다면
레모네이드를 만들어라

초판발행 · 2025년 3월 15일

지은이 · 강도윤 김단비 김동환 김미영 김창운 김희숙
　　　　단무지　레이　문춘희 박순희 박시은 박호숙
　　　　손재현 송미향 심미경 안소현 유혜정 이미하
　　　　이상미 이서운 이영숙 장성남 진가록 최선경
　　　　콩소라 하소현　햇살
펴낸이 · 한주은
편　 집 · 한주은 임단비 하소현 여수민
디자인 · 단무지스튜디오 디자인숲
발행처 · 도서출판 클북
　　　　슬로어slower는 클북의 임프린트입니다.
등　 록 · 504-2019-0000002호 (2019. 2 8.)
　　　　경북 포항시 북구 양덕로 16, 기쁨빌딩 3층
　　　　054-255-0911　054-613-5604(fax)
　　　　ask.gracehan@gmail.com

　　　　ISBN 979-11-92577-33-3　03800